JN222840

図解ポケット

Shuwasystem
A book to explain
with figure
: Library

スモールビジネスに最適!

合同会社の設立手続きがよくわかる本

OKAZUMI Sadahiro

岡住 貞宏 著

秀和システム

はじめに

　合同会社は原則として、小規模・家族的な経営形態をとることを前提に組織設計がされています。一方で、会社法は合同会社について、株式会社に比べあまり多くの規定を置かず、広範な定款自治を認める形になっています。つまり、会社法の規定においては、数多くの「例外」を合同会社に許容することになっているのです。

　細かい「例外」のひとつひとつ、すべてに目を配っていては袋小路に迷い込み、合同会社の設立を難しくしてしまいます。それでは、株式会社よりもシンプルな組織で設立を可能とする合同会社の制度趣旨に反する結果にもなります。

　本書は、専門家でない読者の方——とりわけスモールビジネスの起業・法人成りを目指す方——が自力で手続きすることを念頭に、思い切って「例外」を切り捨て、とにかく「合同会社の設立」という結果にたどり着くための手引書として仕上げました。選択の幅を狭めた分、個々の手続きについては丁寧な解説に努めました。本書の手順でじっくり取り組んでいただければ、必ずや合同会社は設立できるものと思います。

　わかりやすさを主眼としているため、細々とした説明を省いたり、間違いとは言えないまでも正確さを犠牲にしたりしている記述もあります。特に、司法書士等の専門家の方々が本書を読む場合には、上記の執筆目的をご理解くださいますようお願い申し上げます。

　本書を手に取る方々のお役に立つことを願ってやみません。

令和7年2月　司法書士　岡住貞宏

合同会社の設立手続きがよくわかる本

3 出資の払込み

4 設立の登記の申請

☞ ダウンロードサービスについて

　本書で紹介する定款等の書式については、ダウンロードサービスで入手し利用できるようになっています（書式によってWordまたはExcel形式）。下記のURLまたはQRコードからアクセスしてください。

・URL　https://www.shuwasystem.co.jp/support/
　　　　7980html/7303.html

序章　本書の目的

　本書のタイトルは「合同会社の設立手続きがよく分かる本」です。このタイトルの意義を、初めに明確にしておきましょう。

本書の目的

本書のタイトルである「合同会社の設立手続きがよく分かる本」について、その意義を明確にしておきます。

1 「合同会社を設立すること」に特化！

これまでに、**合同会社**の設立手続きを解説する書籍は数多く出版されています。大変に優れた書籍が多いですが、やや「もどかしい思い」をすることが多いのも確かです。それは、合同会社に関する序論——合同会社とはどんな会社なのか、設立するとどんなメリットがあるのか、個人事業と何が違うのか等々——が詳しすぎるのです。それも、法律・税務・社会保険・金融・許認可等の全般にわたる解説となると長くなり、正確ではあってもわかりにくくなってしまいます。

本書は、とにかく「合同会社を設立すること」に特化し、それを目的に書かれています。それでも、合同会社の基礎知識がまったく不要というわけでもないので、その点はごく簡単にまとめ、合同会社の設立の手続きに十分な力点を置いて、詳細に解説します。

本書を読んだ方が自力で「合同会社を設立する（できる）こと」。それが本書の明確な、そして唯一の目的です。

2 合同会社が本来予定している小規模・家族的な会社を中心に

合同会社は**定款**の規定に関する自由度が高く、さまざまな組織的バリエーションがあります。このバリエーションの全般に目を配って解説をすると、かえって手続きの流れがよくわからなくなってしまいます。

本書の読者は、

・いまはサラリーマンであるが合同会社を設立して新規起業を考
　えている人
・いまは個人事業をしているが合同会社を設立し法人の事業とし
　たい人（法人成り）

このような方が大多数であると思います。

　加えて、株式会社でなく合同会社を選択するのは、取引上または
許認可上の理由などで「法人格は必要」とするが、

・面倒な手続きや大きな組織は望まない
・設立の手続きや会社の運営にあまり費用をかけたくない

という希望を持つ方であろうと思います。

　本書では、上記目的に沿った形態の合同会社の設立手続きに的を
絞って、解説をしていきます。合同会社は、本来的に小規模・家族
的な会社組織を想定しているので、その意味では合同会社の「王道」
の解説です。あまり複雑な、細い「脇道」に入り込むことはしません。

新規起業
を目指す

個人事業を
「法人成り」
する

法人格は必要だが…

- 面倒な手続き・大きな組織は望まない
- あまり費用をかけたくない

このような希望には 合同会社！

小規模・家族的な
会社組織を想定

3 本書の構成

以上の目的に沿った本書の構成です。

第1章　合同会社の基礎
第2章　定款の作成
第3章　出資の払込み
第4章　設立の登記の申請
第5章　電子定款作成および登記オンライン申請

　第2章から第4章までが、設立手続きの中心的な解説です。第1章は合同会社に関する基礎知識の解説ですが、「そんなことはもうわかっている」という人は、第2章から読み始めていただいても結構です。また、「設立の手続きにあまり費用をかけたくない」という希望のためには、第5章の「電子定款作成および登記オンライン申請」がお役に立つことと思います。

　それでは、さっそく始めましょう！

(注) 本書をお読みになる際には次の点にご注意ください。

　①合同会社の社員は自然人に限るものとし、法人を社員とする場合については原則として解説しません。

　②出資は金銭に限るものとし、現物出資については原則として解説しません。

　③第5章を除き、手続は書面（紙）によるものであることを前提に解説します。

　④単に「会社」という場合、「合同会社」と「株式会社」を総称する語として使用します。「合名会社」「合資会社」については視野に入れないものとします。

MEMO

CHAPTER
1

合同会社の基礎

合同会社を設立するにしても、「合同会社とは何なのか？」を知らなければ話が進みません。本章では、これから合同会社を設立しようとする人が知っておくべき合同会社の基礎知識を解説します。

合同会社とは？

合同会社とはどういうものなのでしょうか？　まずはここからスタートです。

1 会社法で設立が認められた「会社」

合同会社とは、**会社法**で設立が認められた「会社」の一種です。ところで「会社」の代表格といえばなんでしょうか？　みなさんご存知の**株式会社**です。株式会社も合同会社と同じく、会社法で設立が認められています。つまり、株式会社と合同会社は、会社法という「親」を同じくする「兄弟」のような存在といってもいいかもしれません。

兄弟である株式会社と合同会社は、よく似たところ（法人格、有限責任など）もありますし、違うところも数多くあります。

2 合同会社の「設立」

合同会社を「作る」ことを、合同会社を「設立する」といいます。合同会社は会社法が定める手続きさえきちんと取れば、誰でも、特別の許可や免許などを必要とせずに設立することができます。これを**準則主義**といいます。合同会社の設立にあたって重要な考え方です。ちなみに、株式会社の設立も準則主義です。

準則主義である合同会社の設立の手続きを説明することが、まさに本書の目的です。第2章から詳しく解説いたします。

3 合同会社の定款

　合同会社は設立にあたって、定款という書類を作成します。

　定款とは、合同会社の組織および運営（経営）に関する事項を定めた規則のことです。定款は合同会社に不可欠のものであり、定款のない合同会社は存在しません。

　定款についても第2章で詳しく解説します。

FIGURE 2　会社法と株式会社・合同会社

会社法

定款　法人格　有限責任
株式会社

定款　法人格　有限責任
合同会社

株式会社と合同会社は
兄弟のような存在
よく似たところと
違うところがあります

2 合同会社の法人格

合同会社は法人です。それはどんな意味を持つのでしょうか？

1 法人とは？

法人とは、**自然人**（生きている人間）以外で法律が**権利能力**を認めた存在のことを指します。権利能力とは、不動産などの財産の所有主体となったり、自身の名で契約をしたりすることが認められる法的地位のことです。

合同会社は法人です。法人としての性質を、**法人格**と言います。

2 法人格を持つことの意味

合同会社は法人であり、法人格を持ちます。人々が合同会社を設立する最大の理由は、法人格を利用することにあります。

人が事業（商業や工業など）を行う場合、合同会社などの会社を設立せず、個人事業として行うことも可能ではあります。しかし、個人事業においては、事業主に帰属する財産や負債について、事業上のものと個人生活によるものとを明確に区別することができません。合同会社を設立し、事業上の**権利義務関係**（財産や負債）をすべて合同会社に帰属させることで、事業と個人生活の会計を明確に区分することができます。

法人格は、いわば事業の「いれもの」として機能し、事業上の権利義務をまとめる役割を果たします。現代の経済社会において、事業は個人ではなく、法人格のある主体で行うのがむしろ当然のことになっています。

3 法人格を持つことの意味

個人貯蓄 食費

住宅ローン 売掛金

買掛金 生活用品

事業資金 商品

個人事業主

法人を設立すると…

個人貯蓄

住宅ローン

食費

生活用品

法人代表者

法人

商品 事業資金

売掛金 買掛金

法人は事業の「いれもの」として機能します

合同会社の組織

合同会社は、「社員・業務執行社員・代表社員」という一般的にはあまり知られていない組織構成を取ります。

1 社員とは？

　合同会社は**社団**（人の集まり）であり、合同会社を構成する「人」は、**社員**と呼ばれます。日常的な用語で社員とは、会社その他の事業主体に雇われて働く「従業員」のことを指しますが、会社法で定められた合同会社の社員は、意味がまったく異なります。合同会社の社員は、合同会社を設立し、それを所有し、経営し、その利益を取得する人です。合同会社のオーナーであり、かつ経営者です。

　社員は、合同会社の経営に関する重要事項を決定します。

　合同会社の社員は、自然人のほか法人もなることができます。つまり、ある合同会社や株式会社が、他の合同会社の社員となることも可能なのです。もっとも本書においては、合同会社の社員は自然人に限るものとし、法人が社員になる場合を想定せずに解説いたします。

2 業務執行社員・代表社員

　合同会社の社員は、合同会社の業務を執行します。社員が複数いる場合には、その全員が業務の執行をするのが原則ですが、定款等で業務を執行する社員（**業務執行社員**）と業務を執行しない社員を分けることもできます。

また、業務執行社員は合同会社を代表する社員（**代表社員**）となります。業務執行社員が複数いる場合には、その全員が代表社員となるのが原則ですが、定款等で特定の業務執行社員だけを代表社員に定めることもできます。

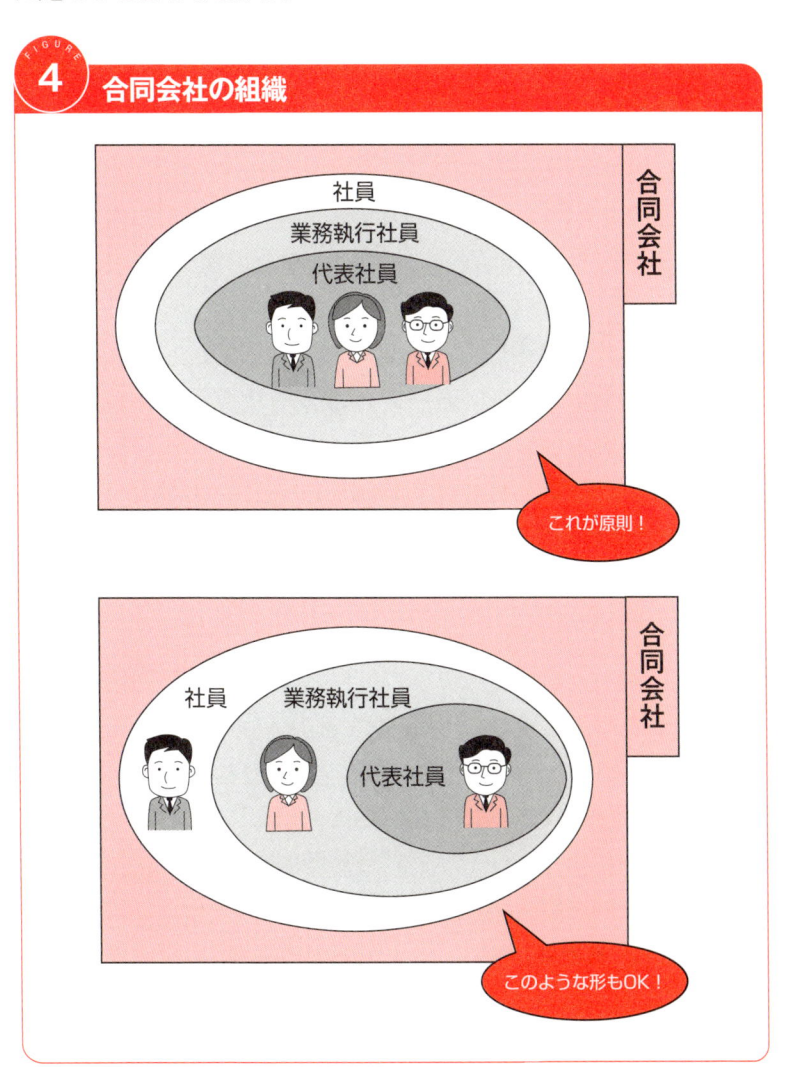

FIGURE 4 合同会社の組織

社員
業務執行社員
代表社員

合同会社

これが原則！

社員　業務執行社員

代表社員

合同会社

このような形もOK！

出資と持分と有限責任

社員が合同会社に資金を拠出することを出資と言います。出資と合同会社の持分について解説します。

1 出資とは？

社員は定款に定めるところにより、合同会社の設立に際して**出資**（財産の拠出）をする必要があります。社員はたとえ1円でも必ず出資をしなければなりません。出資をしなければ社員とはなれません。

2 持分とその機能

社員は出資をすることによって、合同会社に対し、**持分**という権利を保有することになります。持分とは、社員が合同会社の損益の分配等を受けるための割合的な権利のことです。また、定款の規定にもよりますが、社員は持分を譲渡することで社員である地位を第三者に移転したり、社員の相続人が持分を承継したりすることもできます。

持分の割合は、定款に特別の定めがない限り、出資の価額に応じて定められます。つまり、合同会社に50万円を出資した社員 A と30万円を出資した社員 B と20万円を出資した社員 C がいる場合、持分の割合は5：3：2となります。

ただし、社員が合同会社の運営（経営）に関与するための「**発言権（決定権・同意権**など）」は、定款に特別の定めがない限り各社員が平等に持ちます。持分が大きい（出資の価額が大きい）からといって、必ずしも発言権も大きいということにはなりません。

FIGURE 5 出資と持分

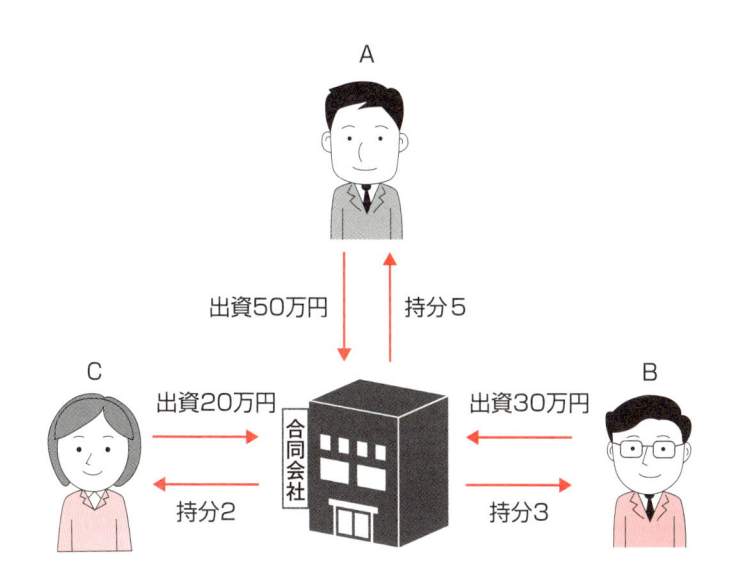

※持分とは損益の分配等を受けるための割合的な権利

※「発言権」は平等

3 有限責任

　合同会社を設立しようとする社員は、合同会社の設立の登記をするときまでに、その出資に係る金銭の全額を払い込む義務を負います。一方で、社員は、この義務を果たしたあとには、それ以上に合同会社にかかる金銭の支払い義務を負いません。これを**有限責任の原則**といい、社員全員が有限責任であることは、合同会社の大きな特徴のひとつです。

　例えば、設立後の合同会社が事業に失敗して大きな借金を負い、通常の経営ではその支払いが不可能となった場合でも、債権者は合同会社の社員にその支払い（追加の出資）を求めることはできません。

4 出資の対象

　合同会社の設立にあたり出資する財産は、金銭のほか、動産や不動産などの「**現物**」を対象とすること（**現物出資**）も可能です。合同会社では株式会社と比べ、現物出資に対する規制が少ないため、積極的に現物出資を勧める書籍も少なくありません。

　しかしながら、土地・建物、車両、機械・器具などの現物はその価額の評価が難しく、適切な評価がされなかった場合には、詳しい理屈は省きますが、社員間の「**利益移転**」に課税されてしまう恐れもあります。また、現物出資をした社員に譲渡所得税が課税されること、土地・建物の現物出資を受けた合同会社に不動産取得税が課されることなどもあります。

　したがって、できれば現物出資は避けたほうがいいです。設立後の合同会社において使用する土地・建物、車両、機械・器具など（社員が所有するもの）は、現物出資しなくても、社員と合同会社との間で賃貸借または使用貸借することができます。

以上の理由で、本書では出資の目的である財産を金銭に限る（現物出資はしない）ものとして解説しています。

6 出資する財産の注意点

合同会社の資本金

合同会社には資本金という概念があります。

1 資本金とは？

合同会社の設立に際し社員が払い込んだ出資の合計額を上限として、**資本金**の額を定めます。資本金の意味を解説するのに「合同会社の資金的な基礎」と言う人もいますが、「半分は正しい」という感じです。

確かに、合同会社の設立直後においては、社員が払い込んだ出資の金銭だけが合同会社の資金的な基礎となります。しかし、その金銭はずっと貯めておかなければならないものではなく、事業のために全部使っても構いません。そして、その金銭を使い果たしてしまったあとでも、資本金は0円とはならず、最初の（金銭を使う前の）金額のまま残ります。資本金とは、実は合同会社の計算上の概念に過ぎないと言ってもよいものです。

2 何のために資本金はあるのか？

資本金は、本質的な役割としては、合同会社の利益の配当や出資の払戻し等の計算におけるひとつの基準としての金額を示すものです。詳しい計算方法は省きますが、合同会社が社員に対し「いくらの利益を配当できるか」等を計算するための要素となります。

しかし、それにとどまらず、資本金は現実的には次ページに示すような役割も持っています。

そうすると、「ただの計算上の概念だ」と軽視することはできず、重要な指標として考えなければならないでしょう。合同会社の設立にあたっては、慎重な検討を要する項目です。

 7 資本金の役割

- ●利益の配当・出資の払戻し等の額の計算の基準
- ●中小企業かどうかの判定
- ●消費税免税事業者の区分
- ●法人住民税の区分
- ●設立の登記の登録免許税の課税標準
- ●創業融資の額の基準
- ●許認可の条件
- ●金融機関口座開設の条件 …etc.

重要な指標

③ 資本金をいくらにするか？

　合同会社の資本金は、社員の出資の合計額を上限として自由に決めることができます。それでは合同会社を設立するにあたり、資本金をいくらと設定したらいいのでしょうか。

　資本金は前ページで示したような役割があり、その金額の設定は重要な項目です。少なくとも設立直後の合同会社には、出資の合計額を上限とする資本金の額程度の金銭しかなく、当面の必要経費はその金銭から支払うことになります。

　一方で、合同会社の資本金は「0円」と定めてもよいとされています。しかし、合同会社の設立費用（実費）だけでも最低6万円（40ページ・電子定款を作成）はかかるのですから、資本金の額が「0円」の合同会社など、いかがなものかと思います。そのような合同会社も設立可能であるとは言え、まじめに事業をするつもりがあるのかと疑われてしまいます。昨今は金融機関の預金口座の開設に資本金の額が影響することもあるようですので、あまり資本金の額が小さいのは考えものです。

　あくまでも私見ですが、資本金の額が50万円以下の合同会社は、設立費用等から考えても「事業をまじめに考えていない」と感じます。できれば、100万円程度には設定しておきたいところです（その場合、社員の出資の合計額も最低100万円が必要ということになります）。

　一方で、資本金の額は課税の区分にもなりますので、不必要に大きくするのも、また問題です（資本金の額が大きいほど税金が高くなることが多いのです）。差し当たって、資本金の額は1000万円を超えないようにしたほうがいいでしょう。

FIGURE 8 資本金の額の注意点

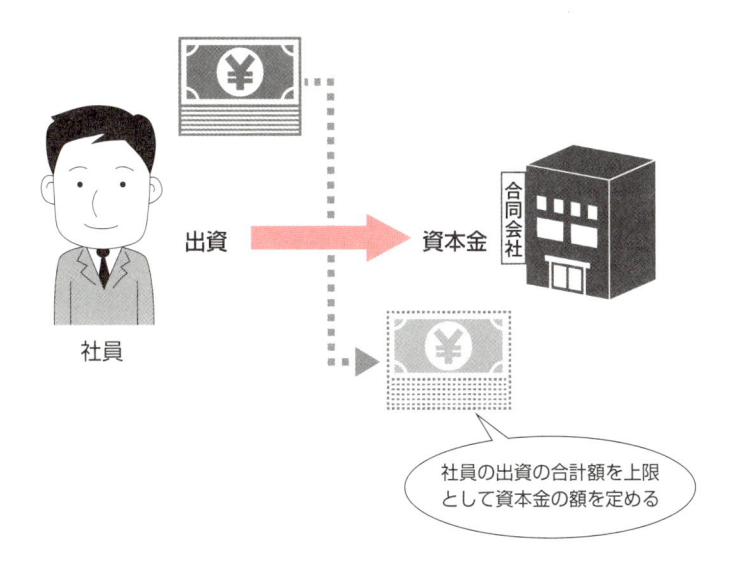

出資 ➡ 資本金

社員

社員の出資の合計額を上限
として資本金の額を定める

● 資本金の額の金銭を会社に貯めておかなければならないわけではない

● 資本金の額がさまざまに影響する（税金・創業融資・口座開設など）

少額すぎる資本金は信用を失います

合同会社と税金

「合同会社を設立する理由は節税のため」と言う人がいます。合同会社と税金について考えてみます。

1 所得税と法人税

個人事業を行う場合、その所得は事業所得として、事業主個人に対して「**所得税**」が課税されます。一方で、合同会社を設立して事業を行う場合は、合同会社の所得について、合同会社に対して「**法人税**」が課されます。同時に、社員（業務執行社員・代表社員）が**役員報酬**を受ける場合には、給与所得として、社員個人に対して「所得税」が課されることになります。

そうすると、合同会社を設立して事業を行うと、個人事業をしていた場合に比べて、法人税と所得税の二重の課税がされて不利なようにも感じます。しかし、必ずしもそうではありません。

次ページで示すとおり、個人事業と合同会社で、売上高と必要経費（役員報酬を除く）が同額であるとの条件で考えると、合同会社においては役員報酬が必要経費となり、社員個人は**給与所得控除**を受けられることから、全体としての納税額が小さくなる場合もあります。

FIGURE 9 所得税・法人税の計算例

● 個人事業

売上（年額）　　　1,000万円
必要経費（年額）　　500万円

> 所得税率20%とする

事業所得の金額

売上1,000万円－必要経費500万円＝500万円

所得税の金額

500万円×20%＝100万円

> 所得税率20%
> 法人税率20%
> 給与所得控除100万円
> とする

● 合同会社

売上（年額）　　　　　　1,000万円
役員報酬（年額）　　　　　500万円
その他必要経費（年額）　　500万円

合同会社の所得金額

売上1,000万円－役員報酬500万円－その他必要経費500万円
＝0円

> 役員報酬は
> 合同会社の必要経費！

合同会社の法人税の金額

0円×20%＝0円

社員個人の給与所得の金額

役員報酬500万円－給与所得控除100万円＝400万円

> 社員個人には
> 給与所得控除あり！

社員個人の所得税の金額

400万円×20%＝80万円

※理屈をわかりやすく解説するため、単純化した設例です。現実の税率や給与所得控除額とは異なりますのでご注意ください。

　また、合同会社も個人と同じく、**住民税**（都道府県民税及び市町村民税）が課税されます。このうち、「**均等割**」と呼ばれる金額については、合同会社に所得がなくても（法人税の課税がなくても）必ず課税され、支払わなくてはなりません。この均等割のため、どんなに小規模な合同会社でも、年額最低7万円（都道府県民税及び市町村民税の合計額）の法人住民税が課税されることになります。

　法人住民税（均等割）は、合同会社を設立することで利益がなくても課税されるものであることから、合同会社の設立にともなう明確な負担増と言えるでしょう。

　また、法人住民税には法人税額に応じて課税される分の税額（**法人税割**）もあります。法人税割は均等割と異なり、法人税の多寡によって税額が変わるもので、要するに、儲かっている合同会社ほど多額の税額を課税されることとなります。法人税額が0円であった（つまり利益のなかった）合同会社においては、法人税割も0円となります。

法人住民税の均等割と法人税割

●均等割

赤字でも課税

都道府県民税および市町村民税は、資本金の額・従業者数によって次の区分に分けられます。

資本金等の額	都道府県民税均等割	市町村民税均等割 従業者数50人超	市町村民税均等割 従業者数50人以下
1000万円以下	2万円	12万円	5万円
1000万円超 1億円以下	5万円	15万円	13万円
1億円超 10億円以下	13万円	40万円	16万円
10億円超	(略)	(略)	(略)

黒字のときに課税

●法人税割

法人が国に納めた法人税額に一定税率を乗じた額が法人税割の税額になります。

都道府県	法人税額×1.0%
市町村	法人税額×6.0%

※事業所の数や規模によっても課税額が異なります。

　「節税のために合同会社を設立したい」と考える方は多いと思います。しかし、節税となるかどうかは、あくまでも事業内容・売上額・必要経費等の条件次第と言うよりほかはなく、常に「節税になる」とは言えません。法人住民税のように、合同会社の設立によって明らかに生じる負担増もあります。

　税金はあくまでも事業活動の結果に対して、法律に則って課税されるものです。同じ条件のもとでなるべく税金が安くなるよう、法律で認められた範囲内での節税手段を駆使するのは当然のことと思いますが、初めから節税を目的に合同会社を設立するのは、やや本末転倒の感があります。節税のポイントとなる売上額や経費等の条件も、合同会社の設立後2〜3年経っても同じままとは限りません。

　しかし、節税が目的でなくとも、合同会社を設立することでどのような税金がかかるのかについては、事前によく検討しておいたほうがいいでしょう。本書の性格上、合同会社の税金についてあまり細かい解説はできませんので、他の資料等を調べていただくか、税理士等にご相談ください。

11 合同会社 VS 個人事業

VS

合同会社	論点	個人事業
必要経費とできる額に上限あり	交際費	必要経費とできる額に上限なし
必要経費とできる範囲に制限なし（原則）	家族への給与（役員報酬）	必要経費とできる範囲に制限あり
厳格	決算手続（両者を比較すると）	簡易
高い	税理士報酬（両者を比較すると）	安い

けれども・・・

● 個人事業でもすべての飲食費等を交際費で経費にできるわけではない
　（支出と事業との関連性が問われる）

● 勤務実態がない家族に支払った給与は必要経費にできない

● 法人の決算手続きが信用を高めているという側面もある

交際費や家族への給与等については不正確な情報も多いです。よく調べて判断しましょう！

合同会社と消費税

合同会社の設立によって一定期間は消費税の免税事業者になれる場合があります。

1 合同会社が消費税の免税事業者となる条件

かつての制度のもとでは、資本金1000万円未満の合同会社では、ほぼ無条件に、設立後最長2年間（2事業年度）は消費税の免税事業者となることができました。そのため、これをメリットとして、免税事業者である期間をなるべく長く設定しようとする傾向が顕著にありました。

しかしながら、現在の税制では次ページのとおり、合同会社の設立後、消費税の免税事業者に該当する期間を必ず2年間（2事業年度）取れるとは言えなくなっています。

2 インボイス制度の導入が状況を変えた

いわゆる**インボイス制度**の導入により、商取引の現場では、取引先から適格請求書の発行を求められることがほぼ当然のこととなっています。適格請求書を発行できないことを理由に取引開始を断られたり、必要な市場や入札に参加できなかったりしたら、消費税の免税事業者であることはむしろデメリットとなります。適格請求書を発行できるのは消費税の課税事業者のみです。

筆者の私見ですが、インボイス制度導入後の現在においては、合同会社の設立当初からあえて課税事業者となることを選択して取引と売上の拡大を図る方が、事業の将来にとって得策であると思います。

とはいえ、事業の規模や性質によっては、やはり免税事業者であることを選択したいという向きもあることでしょう。その際には下記を参考に、事業年度や給与等の設定を検討してください。

12 免税事業者か課税事業者か

● 合同会社が消費税の免税事業者となる条件

① 資本金の額が 1,000 万円未満

② 基準期間※1 における課税売上高が 1,000 万円以下

③ 特定期間※2 における課税売上高又は給与等支払額が
1,000 万円以下

※1　基準期間とは前々事業年度を指します。
※2　特定期間とは前事業年度の開始から6ヶ月間を指します。ただし、前事業年度が7ヶ月以下の場合は特定期間となりません。

● インボイス制度導入によって

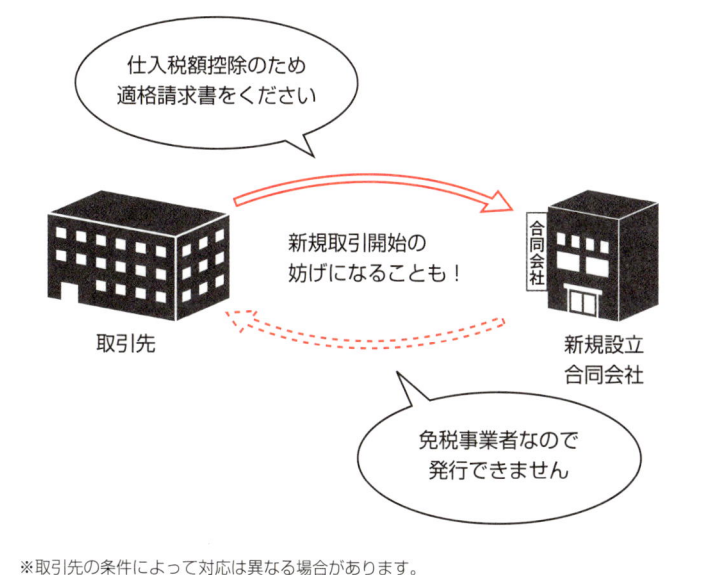

仕入税額控除のため
適格請求書をください

新規取引開始の
妨げになることも！

取引先

合同会社

新規設立
合同会社

免税事業者なので
発行できません

※取引先の条件によって対応は異なる場合があります。

8 合同会社と健康保険・厚生年金保険

合同会社を設立すると、原則として健康保険・厚生年金保険の加入義務があります。

1 合同会社は健康保険・厚生年金保険の加入義務がある

合同会社は原則として**健康保険**・**厚生年金保険**の加入義務があり、常勤の社員（業務執行社員・代表社員）および従業員は、いずれも健康保険・厚生年金保険の被保険者となります。従業員のいない社員1名だけの合同会社でも同じことで、原則として社員1名が健康保険・厚生年金保険の被保険者となります。

2 合同会社を設立すると損？

一定の規模以下の個人事業においては健康保険・厚生年金保険の加入が任意であること、健康保険・厚生年金保険の保険料は被保険者個人が負担する保険料のほかに事業主の負担分があることから、合同会社を設立すると負担増となり「損だ」と言う人もいます。

しかしながら、雇われる労働者の側から見たら、健康保険・厚生年金保険にも加入していない事業者は敬遠するのが普通です。人手不足の昨今、人材の募集にも苦労することになるでしょう。事業主（経営者）自身のことを考えてみても、合同会社を設立すれば個人事業では加入することのできなかった健康保険・厚生年金保険の被保険者となることができ、給付等の面で有利なことが多いです。

このように考えると、一概に合同会社を設立すると損だとは言えないように思います。

FIGURE
13
合同会社と社会保険

合同会社	個人事業主
●健康保険	●国民健康保険
●厚生年金保険	●国民年金

| 事業主負担分あり | 事業主負担分なし |

ただし必要経費となる！

※社会保険という場合に、労働者災害補償保険（労災保険）および雇用
　保険を含むことがあります。この２つの保険制度は株式会社・個人事
　業の別、従業員の人数に関わりなく、原則としてすべての労働者につ
　いて加入義務（事業主が労働者を加入させる義務）があります。

合同会社を設立しなければ ならない場合

起業等にあたり、合同会社等の法人を設立しなければならないこともあります。

1 合同会社等の法人の設立理由

下記のような理由により、事実上、合同会社等の法人を設立しなければ事業ができない場合もあります。

①許認可を受けるため

合同会社等の法人でなければ、許認可を受けられない場合があります。介護保険サービスの指定事業者の指定を受ける場合などがそれに該当します。

②フランチャイズ加盟契約等、入札参加資格等のため

次のような事業を行う場合に、法人格を有することが契約締結の条件または入札等の参加資格になっていることがあります。

- フランチャイズの加盟店となる
- 他の企業の代理店となる
- インターネット上のショッピングモールに出店する
- 官民の実施する各種入札に参加する

③制度融資、補助金等を受けるため

　制度融資や補助金等においては、合同会社等の法人の方が条件面で有利だったり、受けられる金額等が大きかったりする場合があります。必要とする融資または補助金等の金額が、合同会社等の法人でなければ足りない場合には、事実上、法人を設立せざるを得ません。

FIGURE
14　**合同会社を設立しなければならない場合**

許認可を受けるため

フランチャイズの
加盟契約等・
入札参加資格等

○○銀行

制度融資・補助金等を
受けるため

これらの条件は「合同会社であること」ではなく「法人格を有すること（法人であること）」という場合が多いです。

合同会社の設立費用

合同会社を設立するには一定の費用がかかります。

1 合同会社の設立費用（実費）

　合同会社を設立するには、下記のとおりの費用（実費）がかかります。

●定款に貼付する収入印紙

　定款の原本には4万円分の収入印紙を貼付する必要があります。ただし、電子定款を作成する場合には、収入印紙を貼付する必要はありません。

●登録免許税

　合同会社の設立の登記の申請をする際には、登録免許税という税金を納付する必要があります。登録免許税は、設立の登記の申請を書面（紙）で行う場合には、原則として収入印紙を登記申請書に貼付して納付します（103ページ参照）。

　登録免許税の金額は、設立する合同会社の資本金の額（1000円未満切捨て）に7/1000を乗じた金額（100円未満切捨て）となりますが、最低額は6万円です。

2 合同会社の設立費用（専門家の報酬等）

　合同会社の設立手続きを司法書士等の専門家に依頼した場合、上記の実費とは別に専門家の報酬や手数料がかかります。この金額は設立する合同会社の規模や形態等によって異なりますので、依頼しようとする専門家に直接お尋ねください。

3 設立費用は創立費として必要経費にできる

　合同会社の設立費用は、上記①の実費も②の専門家の報酬等も、会計上いずれも創立費として計上されます。創立費は合同会社の設立後に必要経費とすることが可能です。

FIGURE 15 合同会社の設立費用

種別	内容	条件等	金額等
実費	定款に貼付する収入印紙	書面（紙）	4万円
		電子定款	0円
	登録免許税	（計算方法）	資本金の額×0.7%
		一般的に	6万円
報酬等	司法書士等専門家の報酬・手数料		要問合せ

創立費として必要経費とすることができます

合同会社と株式会社のどちらを選択するか①

合同会社の設立を検討するとき、株式会社という選択肢を視野に入れる必要があります。合同会社と株式会社、どちらを選択すべきでしょうか？

1 似ているようで大きな「違い」

本章の冒頭で、株式会社と合同会社は同じ会社法から生まれた兄弟のような存在であると述べました。兄弟なので、確かに似ている部分があります。しかし、それ以上に「違い」も大きくあります。

合同会社の設立をしようとする人は、個人事業にすべきか会社にすべきかの判断に加えて、合同会社にすべきか株式会社にすべきかの判断もしなければなりません。その判断基準をどこに置くべきか、以下にいくつかのポイントを示します。

2 株式会社は多数決、合同会社は全員一致

あくまでも理念的な区別ですが、株式会社は株主による**資本多数決**（たくさん資本を出した人が多くの議決権を持つ）の組織であり、合同会社は社員全員の一致による組織であるといえます。定款等による組織設計の工夫によって、単純にそれに当てはまらない株式会社や合同会社も設立可能ですが、本質的にはそのような性質を持つということです。この本質は、会社経営の端々に影響を与えます。

全員一致を本質とする合同会社は、やはり、あまり多人数が社員として参加する形態には向いていません。社員が1名か、複数の場合でも家族など強固で親しい関係性にないと、経営に支障をきたすことがあります。

将来的に多くの出資を募り、会社を大きくしたいという希望がある場合には、はじめから株式会社を選択したほうがいいかもしれません。

16　株式会社と合同会社の違い

株式会社　原則：資本多数決

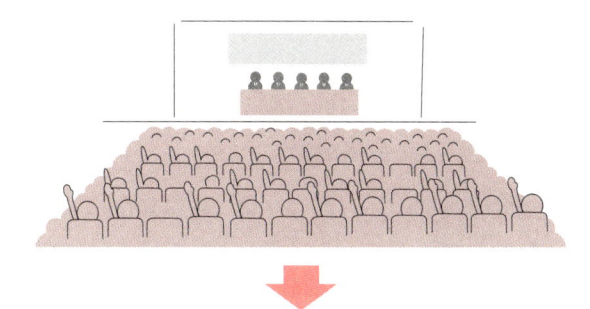

上場企業である株式会社では数十万人もの株主がいることもある

合同会社　原則：全員一致

多人数が社員となる形には向いていない

③ 所有と経営の関係

　合同会社は原則として社員の全員が業務執行（経営）を行い、合同会社を代表します。逆に、社員でなければ経営に参加することができません。株式会社は、所有（株主）と経営（取締役）が分離しているのが原則型で、株主は広く株主以外の第三者を経営者に選任することができます。

　会社の所有者（オーナー）が自ら経営を行わず、所有者以外に経営を任せたいという希望がある場合には、株式会社を選択するしかありません。

④ 簡便で安上がりな合同会社

　合同会社の魅力は簡便さと安上がりな点にあります。株式会社を設立するには、どんなに切り詰めても最低16万5000円の実費がかかります。一方、合同会社の設立はギリギリ切り詰めると6万円の実費だけで可能です。その差、実に10万円以上です。

　会社を設立してからも、株式会社の役員（取締役等）には**任期**があり、定期的に改選が必要で、その都度登記費用がかかります。また、株式会社では**貸借対照表等**を公告する義務があり、そのための費用もかかります。合同会社では、社員（業務執行社員・代表社員）に任期がなく、貸借対照表等の公告義務もありません。

　その他、合同会社では設立手続きにおいて、公証人による**定款の認証**が必要ありません（株式会社では必須）。また、合同会社では**定時総会**（株式会社では年に一度の開催が必須）その他社員の会議を開催する必要もありません。社員の同意や決定が必要な場合には、書面の持回り承認など、適宜の方法を取ることができます。

ほかにもさまざまな場面において、合同会社は株式会社に比べ、簡便で安上がりな制度になっています。確かに、多数の利害関係者が参加する会社や、経営を「他人」に任せる会社では、例えば決算書の承認や利益配当の決定などにおいて、あまり簡便に、いいかげんに済まされては困るという側面もあります。しかし、少人数の家族や、特に1名だけで設立し経営する会社などでは、なるべく無駄なことはしたくないと考えるのが普通でしょう。そのようなニーズには、合同会社が適合しています。

FIGURE 17　株式会社と合同会社の費用の差

	株式会社	合同会社
設立費用 （電子定款作成・資本金100万円未満）	最低165,000円 ・登録免許税 　150,000円 ・公証人手数料 　15,000円	最低60,000円 （登録免許税のみ）
役員の改選	必要 （最長で10年に1度）	不要
貸借対照表等の公告	義務	義務ではない
定時総会の開催	年に1度は開催が必要（原則）	開催不要

合同会社と株式会社のどちらを選択するか②

いろいろなポイントを検討した結果、合同会社を設立することに決定したとしても、株式会社に「見劣り」することはないのでしょうか？

1 合同会社は株式会社に見劣りすることはない

株式会社ではなく合同会社を設立することを選択した場合に、信用や取引の面で株式会社に見劣りすることはないのかと不安に感じる向きもあるかもしれません。

しかし、結論的に言って、まず心配は要りません。合同会社は平成18年の会社法施行により生まれた比較的新しい会社の形態ではあります。しかし「新しい」といっても、制度の開始からもはや20年近くも経過しており、全国で毎年3万社以上（令和5年には4万社以上）が設立されています。いまさら「合同会社ってなに？」と言う人はほとんどいないでしょうし、そんなことを言う人はかえって見識を疑われるというものです。

一般的な事業で、株式会社では認められるが合同会社ではできないという業種もほとんどありません。

会社の信用は、「株式会社か、合同会社か」という違いではなく、財務基盤の健全度や商品またはサービスの優秀さ・競争力、業務内容などによって差が付くのです。

2 合同会社を組織変更して株式会社となる道もある

合同会社は組織を変更して株式会社となることもできます。設立した合同会社が順調に成長し、株式会社でなければ不都合を生じることになった場合には、同じ会社を組織変更して株式会社に変える道があるのです。

小さく生んで大きく育てる――という言葉がありますが、事業のスタートアップでは安上がりな合同会社を選択し、会社の成長にあわせて組織を変えていくという方法も「あり」なのです。

FIGURE 18 **株式会社への組織変更**

信用
●財務基盤
●商品、サービス
●業務内容

株式会社

合同会社

合同会社 ➡ 株式会社

組織変更できる！

Amazon も Apple も合同会社？

合同会社については、次のように言われることがあります。

――世界の大企業たる Amazon（ネット通販）も Apple（iPhone 等の販売）も、実は合同会社である。だから合同会社は「きわめて立派な会社」なのだ――と。

まずは事実として、Amazon も Apple も、日本法人は確かに合同会社です。それぞれ「アマゾンジャパン合同会社」と「Apple Japan 合同会社」という会社が設立されています。しかし、それらはあくまでも「日本における『事業法人』としての子会社」という位置付けの会社です。Amazon「本社」および Apple「本社」はいずれも米国法人で、日本でいえば株式会社に相当する会社です。もちろん両本社とも株式を公開し、世界中から投資を集めています。

上記の日本法人は、なぜ合同会社なのでしょうか？

まず、現地子会社としては本社からの指揮命令系統のもと、必要な事業（商品の販売やサービスの提供）を適切に行えればよいのであって、会社として余計な機能は必要ありません。例えば、現地子会社において、商品開発や新株発行による資金調達等をする必要はないのです（それは本社その他経営の中核を担う部門の仕事です）。上記合同会社は両社とも、業務執行社員が 1 人（法人 1 社）だけの見事に無駄のない組織になっています。要するに、日本国内における「ネット通販」「iPhone 等の販売」という「現場業務」を行うことだけに特化した子会社だということです。

また、米国会社の子会社である日本の合同会社は、米国の法人税において「パス・スルー課税」の対象であるということも、合同会社を選択する理由となっているようです。ただし、この点は筆者の専門外なので、詳しいことはよくわかりません。

要するに、上記事業を遂行するため、また課税問題に対処するため、合同会社が適しているから合同会社を選択しているに過ぎません。残念ながら、合同会社が「立派な会社」だから選択したのではないのです。

Amazon も Apple も合同会社である――というのは、ネタとしては確かに面白い話です。ですが、それ以上の意味はありませんので、ご注意ください。

定款の作成

　ここからいよいよ具体的な合同会社の設立手続きを解説します。本章では合同会社設立のステップ1・定款の作成について解説します。

合同会社の設立のステップ

合同会社の設立は一定のステップを踏んで行う必要があります。まずはステップの全体を概観してみます。

1 合同会社設立のステップ

合同会社は、その本店の所在地において設立の登記をすることで成立します。つまり、「設立の登記」イコール「合同会社の設立」ということになります。

しかし、合同会社の設立の登記は、登記を管轄する法務局（または地方法務局）に出向いて、その窓口でいきなり「登記してください」と頼んでも、してくれません。一定のステップを踏んで、必要書類を揃えて手続する必要があります。

そして、合同会社の設立のステップとは、具体的には以下のとおりです。

〈ステップ1〉定款の作成
〈ステップ2〉出資の払込み
〈ステップ3〉設立の登記の申請

これらのステップは一連のものであり、全部の手続きを完了して、初めて「合同会社の設立」という法律上の効果を持ちます。まずは全体の流れをご理解ください。また、実際に手続きを行う際には、「いまどこのステップいるのか？」を意識しておくようにしてください。

まずは各ステップの手続きについて、ポイントを先取りして触れておきます。

〈ステップ1〉定款の作成

　合同会社を設立するためには、社員となろうとする者の全員が合意して定款を作成する必要があります。定款には、合同会社の商号・目的・本店・社員（業務執行社員、代表社員）・出資の金額など、設立に際して必要な事項のほぼ「すべて」を定めます。

　作成した定款は、社員の全員が記名押印しなければなりません。合同会社の設立時に作成する定款は、株式会社では必須の公証人による認証は必要ありません。

　定款の作成については、本章で解説します。

3 〈ステップ2〉出資の払込み

　合同会社の社員は、設立の登記の申請までに、定款で定めた出資の全額を払い込みます。そして、社員の全員が払い込みを完了した事実を証明する書類を作成する必要があります。

　出資の払込みについては、第3章で解説します。

4 〈ステップ3〉設立の登記の申請

　そして最後に設立の登記の申請を行います。〈ステップ1〉の定款と、〈ステップ2〉の払込証明書等を添付書類として、合同会社設立登記申請書を管轄の法務局または地方法務局に提出して、設立の登記の申請を行います。

　設立の登記が完了し、登記事項証明書（116ページ）と印鑑証明書（120ページ）が取得できれば合同会社設立のゴールになります。

　設立の登記の申請については、第4章で解説します。

FIGURE 19　合同会社の設立のステップ

合同会社の設立は定款の作成から

それでは〈ステップ1〉定款の作成に入ります。

1 社員の全員の同意

　合同会社を設立するためには、まず、合同会社の社員（「従業員」の意味ではありません。18ページ）になろうとする者の全員が合意して（社員が1名の合同会社ではその社員がひとりで）、定款を作成する必要があります。社員の全員が合意に達しなければ定款の作成はできませんので、合意できるまで話し合ってください。

　定款とは、合同会社の組織および運営（経営）に関する事項を定めた規則です。定款は合同会社必要に不可欠のものであり、定款のない合同会社は存在しません。

2 定款は書面（紙）に書く

　定款は社員が（口頭や電子メールなどで）合意しただけではダメで、内容をきちんと書面（紙）に書き記すことが必要です。完成した定款には社員全員が記名押印します。

　もっとも、現在では定款をPDFファイルの形式で作成することも可能であり、そのような定款を「**電子定款**」と呼びます。電子定款の作成方法については第5章で解説します。本書において第5章以外の部分では、定款は書面で作成することを前提に解説します。

FIGURE

20 定款の作成

定款

社員の全員が合意する必要があります

定款は書面で作成する
必要があります
電子定款は第5章で

定款の記載事項

定款には具体的にどんなことを書くのでしょうか？

1 記載事項の分類

　合同会社の設立にあたっては、商号・本店・社員（業務執行社員、代表社員）・出資の金額など、設立のために必要なほとんど「すべて」の事項を定款で定めます。

　法律上、定款の記載事項は次のとおり分類されます。

①絶対的記載事項

　この記載がなければ「定款全体が無効」となる事項であり、次の事項がこれに該当します。

ⅰ　目的
ⅱ　商号
ⅲ　本店の所在地
ⅳ　社員の氏名または名称および住所
ⅴ　社員の全部を有限責任社員とすること
ⅵ　社員の出資の目的およびその価額または評価の基準

---

②相対的記載事項

　絶対的記載事項ではないが、定款に記載しなければ（他の方法や書類で決めても）その定めの効力を生じない事項を指します。合同会社の定款の相対的記載事項は非常に数が多く、ごく代表的なものだけを挙げても、下記の事項があります。

これら相対的記載事項は、単に項目が多いというだけでなく、合同会社の性格を決定する重要な事項です。相対的記載事項が合同会社の定款の「肝」であると言っても過言ではありません。

　　ⅰ　持分の譲渡に関する定め（会社法585条4項）
　　ⅱ　業務の執行の方法（同590条1項、2項）
　　ⅲ　代表社員の選定方法（同599条3項）
　　ⅳ　任意退社の方法（同606条2項）
　　ⅴ　法定退社の事由（同607条1項1号、2項）
　　ⅵ　持分の相続等（同608条1項）
　　ⅶ　利益の配当（同621条2項）
　　ⅷ　社員の損益分配の割合（同622条1項）
　　ⅸ　出資の払戻しに関する事項（同624条2項）
　　ⅹ　定款の変更の方法（同637条）

---

③任意的記載事項

　その他、合同会社の定款には会社法に違反しないものであれば自由に定めることができます。定款の記載事項で、絶対的記載事項および相対的記載事項のどちらにも該当しないものを任意的記載事項といいます。

　任意的記載事項の代表的なものは、以下のとおりです。

　　ⅰ　資本金の額
　　ⅱ　事業年度の定め
　　ⅲ　支店の所在地

モデル定款の利用

定款の記載事項を「イチ」から書くのは大変です。モデル定款を利用できます。

1 必要事項を穴埋めして作成する

定款の記載事項について、法律の規定をひとつひとつ確認しながら記載するのは至難のわざです。現実的にはモデル定款を利用し、必要事項を穴埋めして作成するのがよいでしょう。定款は「イチ」から全文を書く必要はないのです。

本書の巻末に、次の2種類のモデル定款を掲げました。

①合同会社秀和・定款（社員1名）
②合同会社シュウワ・定款（社員3名）

モデル定款は、ダウンロードサービスから取得することができます。定款の太字で記載した部分は、各合同会社で変更して記載すべきところです。太字以外の部分を変更するためには会社法の知識が必要となりますので、自信がない限り、いじらない（削除も変更もしない）ほうが無難です。

モデル定款を利用することで、定款は比較的簡単に作成することができます。しかし、それでも注意事項が数多くありますので、次ページ以降に解説していきます。

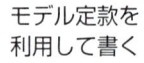

全文をイチから
書くのは難しい

モデル定款を
利用して書く

 書式はダウンロードサービスで

https://www.shuwasystem.co.jp/support/7980html/7303.html

モデル定款を利用することで
比較的簡単に作成できます

定款作成上の注意①
モデル定款の選択

モデル定款を利用して定款を作成するのに、注意事項がいくつか
あります。まずは、モデル定款の選択についてです。

1 社員の人数に注意

モデル定款の「①合同会社秀和・定款」（以下「定款①」といい
ます）は、社員が1名しかいない合同会社用のもので、「②合同会社
シュウワ・定款」（以下「定款②」といいます）は、社員が複数い
る合同会社用のものです。

重要なことは、モデル定款の選択を誤らないでほしいということ
です。

・社員が複数いる場合に、定款①を使ってはいけません。逆に、社
　員が1人だけの場合でも、定款②を使うことは OK です。

・社員1名で定款①を使って設立した合同会社について、設立後、
　社員を加入させて複数とする場合には、定款を変更して、定款②
　と同様の規定にしましょう。

その理由は、合同会社に社員が複数いる場合には、その利害関係
を調整する方法を決めておく必要があり、定款①ではその点の規定
が不足しているからです。特に、業務執行社員を解任したり、代表
社員を新たに選定したりしようとする場合などに、定款①では十分
に対応できず、その結果、合同会社の経営が行き詰まってしまうこ
とがあります。

設立時には社員が1名だけでも、将来的に増える可能性があるならば、最初から定款②を選択しておく方がいいでしょう。「大は小を兼ねる」ではないですが、定款②は社員が1名だけの合同会社でも使うことができます。

　定款①は、あくまでも、社員1名の合同会社専用で、すばやく、簡単に合同会社の定款を作成するための「簡易モデル」だと考えたほうがいいです。

モデル定款の特徴

	定款①株式会社秀和 （社員1名）	定款②株式会社シュウワ （社員3名）
理念	社員1名の合同会社専用の「簡易モデル」すばやく、簡単に作成	合同会社の定款の原則型
業務執行社員の解任	規定なし	正当な事由がある場合に限り他の社員の一致で解任できる
業務執行社員の競業の制限	制限なし※	他の社員の全員の承認を受けなければならない
業務執行社員の利益相反取引	制限なし※	他の社員の過半数の承認を受けなければならない
代表社員に事故あるとき	規定なし	他の社員の過半数をもって他の業務執行社員の中から代表社員を選定できる
損益の分配	規定なし	社員の出資の価額に応じる

※社員が1名のため制限する意味がない

定款作成上の注意②
商号

商号については形式的・実質的に、かなり細かい決まりがあります。

1 形式的な制限

定款①及び定款②ともに、第1条は商号に関する規定です。**商号**とは、合同会社の名前のことです。

合同会社の商号については、形式的な部分で細かい制限があります。詳細は下記のとおりですので、ご注意ください。

●**商号の形式的な制限**

・商号には、「合同会社」という文字を含むことが必要です。合同会社○○でも○○合同会社でも、どちらでも可です。

・使用できる文字は日本の漢字、ひらがな、カタカナ、ローマ字（英語のアルファベットの大文字・小文字）、アラビア数字（0123456789）、「&」、「'」（アポストロフィー）、「,」（コンマ）、「-」（ハイフン）、「.」（ピリオド）、「・」（中点）に限られます。

「&」以下の記号は、商号の先頭または末尾に使用することはできません。しかし、「.」（ピリオド）だけは、省略を表す記号として商号の末尾に使用することもできます。

上記以外の文字は使用できません。英語以外のアルファベット（ä、ç、é、è、ûなど）、ギリシャ文字、ロシア文字、中国語の簡体字、ローマ数字（Ⅰ、Ⅳ、Ⅸなど）など、すべて使用不可です。

空白（スペース）は、ローマ字の複数の単語の間を区切る場合にだけ使用できます。

・商号の文字数に制限はありません。ただし、長過ぎる商号は記載するのにも苦労しますので、現実的には、ほどほどの文字数に留めておいたほうがいいです。

・すでに登記された商号と「同一の商号」で、「同一の本店所在地」の合同会社は設立の登記をすることができません。
・「ふりがな」や「読み方」を付記したい場合もありますが、定款の記載上は認められないという説もありますので、付記しないほうがいいです。

② 商号の使用の制限を受ける場合

前ページに示した形式的な要件（使用できる文字など）を満たせば、合同会社がどのような商号を選定するのかは、原則として自由です。しかし、以下のような場合には、他者との関係において商号の使用の制限を受けることがあります。

①不正の目的をもって、他の会社であると誤認されるおそれのある商号を使用した場合（会社法第8条）

②広く認識された商号等（類似する商号を含む）を用いることで他人の営業と誤認させることとなる場合、あるいは著名な商号等（類似する商号を含む）を使用した場合（不正競争防止法第2条）

このような商号を使用すると、第三者から侵害の停止（具体的には商号の使用の差止め等）を請求されることがあります。

他人の商号等、有名・著名な商号等と「かぶらない」ように商号を選定することが重要です。合同会社の設立にあたっては、オリジナリティのある商号を選定するようにしましょう。

商号の選定にあたっては、次ページで紹介するサイトなどで、同一または類似の商号等が使用されていないか確認しておくことをお勧めします。

23 商号選択の注意点

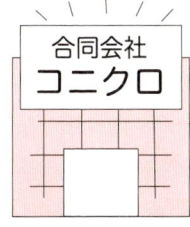

合同会社
コニクロ

商号使用差止請求
を受けるおそれ！

● 他の会社と誤認（不正の目的）
● 有名な商号等と類似・同じ

● 商号調査に役立つサイト

国税庁法人番号公表サイト
https://www.houjin-bangou.nta.go.jp/

登記情報提供サービス ＜商号の検索は無料＞
https://www1.touki.or.jp/

特許情報プラットフォーム ＜商標の検索＞
https://www.j-platpat.inpit.go.jp/

事前に検索することをお勧めします

定款作成上の注意③ 目的

定款①および定款②ともに第2条は合同会社の事業目的です。この注意事項を解説します。

1 目的の三要素

合同会社の目的には、合同会社が行う事業を記載します。

合同会社の定款に記載する目的は、「**適法性**」「**営利性**」「**明確性**」が必要とされています。「適法性」「営利性」「明確性」を欠く目的は、合同会社の設立の登記の際に不適法なものとされる（その目的を登記できない）可能性があります。

①「適法性」とは、合同会社は違法な事業を目的として定めることはできないということです。「覚せい剤の販売」などが違法な目的の例ですが、「登記申請の代理業」など合同会社として行うことが法律で禁止されている事業も、合同会社の目的には定めることができません。

②「市街清掃のボランティア活動」など、「営利性」のない事業は合同会社の目的とすることはできません。

③合同会社の目的は、「明確性」のある言葉で定めなくてはなりません。固有の商品名や専門用語など、一般的に知られていない言葉を使って目的を定めると、「明確性」がないと判断されることが多いです。

④一方で、合同会社の目的に「具体性」は不要とされています。ですので、例えば「商品の販売」「卸売業」「製造業」のような漠然とした記載でも認められます。

2 定款の目的の記載が重視される場合

次のような合同会社では、定款に記載した合同会社の目的（登記された目的）が特に重視されますので、ご注意ください。

①許認可（営業許可等）を要する業種の場合

例えば、合同会社において建設業の許可を受けようとする場合、目的として「建築・土木工事業」「設備工事の施工及び請負」など、受けようとする許可の事業が目的に定められていることが必要です。介護保険サービス指定事業者なども、目的に記載すべき事業の種類が決まっていますので、ご注意ください。

②融資を受ける場合

合同会社の事業に関して融資を受ける場合、金融機関から、その事業が目的に記載されていることを求められます。例えば、合同会社で学習塾を開業するための融資を受けようとする際に、目的に「学習塾の経営」等の記載がなければ、金融機関からは目的を変更してその記載を追加してほしいと求められます。

③フランチャイズ店・代理店等の事業をする場合

例えば、合同会社が飲食店等のフランチャイズチェーンに加盟して営業を行う場合には、フランチャイズ本部等から、目的に「飲食店の経営」等の記載があることを求められます。損害保険の代理店事業などでも同様です。

上記のような場合、合同会社の設立前に許認可を管轄する官庁、金融機関、契約の相手方等に、目的の記載事項が適当であるかどうかを確認しておくほうがいいです。

FIGURE 24　目的が重視される場合

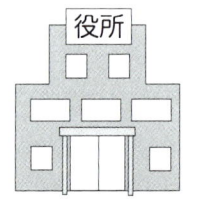

許認可を要する
業種の場合

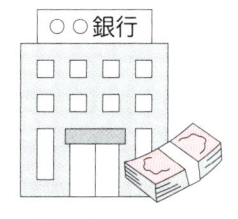

融資を受けようと
する場合

フランチャイズ店などの
事業をする場合

「対象事業」が目的に
記載されていますか？
事前に官庁・金融機関・
フランチャイズ本部等に確認を
取りましょう！

CHAPTER 2 8 定款作成上の注意④ 社員・業務執行社員・代表社員

合同会社では社員に関する定款の規定が重要です。

1 社員の氏名等が定款の絶対的記載事項

社員の氏名および住所、そして各社員がする出資の目的および価額は、定款の絶対的記載事項です。定款①および定款②ともに、第5条が社員に関する規定です。社員の氏名および住所は、印鑑証明書や住民票などを参照して、そのとおり正確に記載してください。特に代表社員となる社員については、印鑑届書に添付する印鑑証明書と住所・氏名が食い違うと、設立の手続きに支障をきたします。

モデル定款では社員の出資は金銭だけ（現物出資をしない）としています。この理由については、22〜23ページを参照してください。

ちなみに、株式会社では株主の氏名等は定款の記載事項ではありません。この点が合同会社と株式会社の性質を分けるポイントです。合同会社は本質的に、社員同士が「顔の見える関係」にあるのです。

合同会社においては、重要な決定事項は「社員全員の同意」によって行うのが原則です。

また、社員の全部が有限責任社員であることも定款の絶対的記載事項ですので、必ず記載しておきます。

2 業務執行社員・代表社員

①業務執行社員・代表社員の定め

合同会社に社員が複数いる場合、その全員が業務の執行を行うのが原則です。

業務の執行とは、合同会社の経営に関する事項を行うことです。ただし、定款に定めることによって、業務を執行する社員（業務執行社員）と執行しない社員（出資はするが業務執行は他の社員に任せる）を分けることもできます。

　また、業務執行社員（複数いる場合はその全員）は、合同会社を代表する社員（代表社員）となります。ただし、定款等によって業務執行社員の一部だけを代表社員と決めることもできます。

　定款①では、社員が秀和太郎の1名しかいませんので、業務執行社員および代表社員をともに秀和太郎と定めています（第6条）。もっとも、社員が1名しかいなければ、法律上、必ずその社員が業務執行社員・代表社員となりますので、この規定（第6条）は当然のことを定めているに過ぎません。

　定款②では、社員は田中秀美、鈴木和子、佐藤静夫の3名です（第5条1項）。そのうち業務執行社員を田中秀美、佐藤静夫の2名とし（第7条1項。鈴木和子は業務を執行しない）、業務執行社員のうち田中秀美だけを代表社員と定めています（第13条1項）。

②「解任・選定」に関する規定

　そして、重要なのはこの先です。

　定款②第10条では、業務執行社員について、正当な事由がある場合に限り、「他の社員の一致」により解任できることを明確にしています。例えば、業務執行社員である佐藤静夫が不正行為等を行い、合同会社の業務の執行を任せておけない状況になったときなどには、「他の社員」である田中秀美と鈴木和子の一致によって、佐藤静夫を業務執行社員から解任することができます。

FIGURE 25 社員・業務執行社員・代表社員の関係図

社員

・合同会社に出資する
・定款の変更、合併、解散など重要事項を
　決める
・利益の配当を受ける

業務執行社員

・合同会社の業務を執行する（経営する）

代表社員

・合同会社の代表者となって取引、契約、
　登記申請等をする

注意！

● 社員は全員業務執行社員となり、業務執行社員は全員代表社員と
　なるのが原則
● 業務執行社員を選ぶ場合には「社員の中から」選ぶ
　代表社員を選ぶ場合には「業務執行社員の中から」選ぶ

「業務執行社員にだけ」「代表社員にだけ」はなれない

また、定款②第13条2項では、代表社員に事故あるときには、「他の社員の過半数」をもって、他の業務執行社員の中から代表社員を選定できると規定しています。例えば、代表社員である田中秀美が急病で意識不明となり、代表社員としての職務を行えない状況になったときなどには、「他の社員」である鈴木和子と佐藤静夫の過半数をもって、他の業務執行社員の中から代表社員を選定することができます。

　このような「解任・選定」に関する規定をあらかじめ定款で明確にしておかないと、業務執行社員または代表社員の変更が緊急に必要となった場合に、定款の変更手続きが必要と解される余地があり、定款の変更は「総社員の同意」をもって行う（定款②第14条1項）ものであることから、合同会社の経営が行き詰まってしまうおそれがあります。不正行為の当事者である社員、意識不明の社員からは、同意をもらうことが困難だからです。

　一方の定款①では、社員が1名だけであることを前提に定款が設計されているため、業務執行社員または代表社員の変更は想定されておらず、その「解任・選定」に関する規定がありません。

　先に、社員が複数いる場合には定款①を使ってはいけないと述べましたが、この「解任・選定」に関する規定の有無によるところが大きいです。定款の規定が不十分なために、代表社員等の変更ができず、「にっちもさっちも行かない」状態になってしまった合同会社は、現実に数多く存在します。

FIGURE
26 解任・選定に関する規定は重要

CHAPTER

2 定款の作成

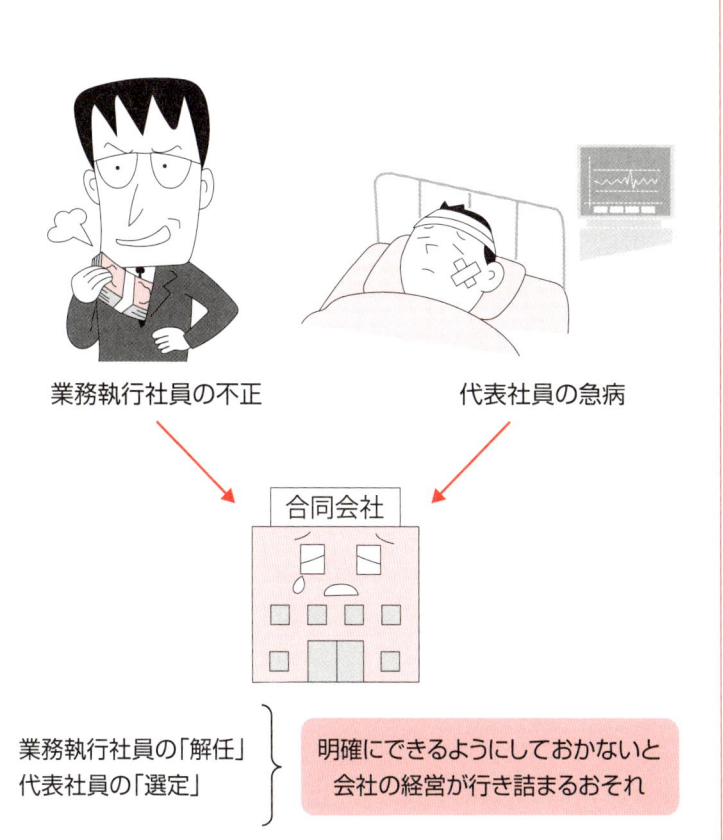

業務執行社員の不正　　　　　代表社員の急病

合同会社

業務執行社員の「解任」
代表社員の「選定」

明確にできるようにしておかないと
会社の経営が行き詰まるおそれ

定款作成上の注意⑤
その他の事項

定款のその他の記載事項についても見ておきましょう。

1 事業年度（定款①第13条、定款②第19条）

合同会社の**事業年度**は任意的記載事項ですが、明確にしておく趣旨で定款に定めるのがよいでしょう。事業年度は、1年を超えることができないという制約はありますが、時期は自由に定めることができます。事業年度の終了後2か月または3か月以内には法人税の確定申告を行う必要があるなど事務作業の負担が大きいので、なるべくなら本来の業務の閑散期にその時期を迎えるよう工夫したほうがいいです。

また、最初の事業年度（定款①第17条、定款②24条）との関係で、最初の事業年度が極端に短くならないようにしたい場合もあります。例えば、合同会社を3月21日に設立した場合に、事業年度の末日が「毎年3月末日」となっているときには、設立からわずか10日で最初の事業年度が終了してしまいます（この場合でも原則として10日間の事業年度に関する法人税の確定申告が必要です）。これを避けるためには、事業年度の設定を変えるか、合同会社の設立日を遅らせるかなどの対応が必要なこともあります。

さらに、消費税の免税事業者となるために、最初の事業年度を一定期間内に調整したいという場合もあります（35ページ）。この点についても、上記と同様の対応が必要なことがあります。

FIGURE 27 事業年度に関する注意

● 事業年度を「毎年4月1日から翌年3月末日まで」と
定めた場合に…

1 合同会社の設立日が 3 月 21 日

↓

最初の事業年度は10日間

↓

10日間の事業年度に関する法人税の確定申告が必要となる

2 合同会社の設立日が 4 月15日

↓

最初の事業年度は11ヶ月以上

↓

消費税の免税事業者である期間を長くするため
最初の事業年度を7ヶ月以下にしたい（35ページ）

● 解決策として…

1 事業年度の設定を見直す

または

2 合同会社の設立の時期（設立の登記の申請日）をずらす

2 設立時の資本金の額（定款①第18条、定款②第25条）

　合同会社の資本金の額は、社員が出資した財産の合計額の範囲内で、業務執行社員（複数いるときにはその過半数）が具体的な金額を決定するとされています。しかし、合同会社の設立時には、定款で資本の額を定めてしまうのがよいでしょう。資本金の額は定款の任意的記載事項です。

　定款で資本金の額を定めていない場合には、別途、業務執行社員による資本金の額の決定書が設立の登記の申請書の添付書類として必要となります（それは面倒なので、定款に記載して定めてしまいましょうということです）。

　資本金の意味、具体的に資本金をいくらにすべきなのかについては、24〜27ページを参照してください。

3 その他の定款記載事項

　その他の定款記載事項については、会社法の知識に自信がない限り、モデル定款の記載事項をいじらない（削除も変更もしない）ほうが無難であると先に述べました。

　それはそのとおりなのですが、合同会社の設立にあたっては、定款の「全文」をよく読み、本書で解説した部分以外についても内容を十分に理解したうえで、定款を作成してください。

　合同会社は、定款の内容によって、その法的性格や機能が大きく変わります。この点、会社法上、ある程度「型にはまった」パターンのうちから組織形態を選択することになっている株式会社とは異なります。言い換えると、合同会社は定款による組織設計の自由度が大きいのです。それだけに、設立しようとする合同会社の定款に対する理解は重要です。

本書で紹介したモデル定款は、多くの合同会社にとって、設立および運営のうえで過不足ない機能を備えるものとなるよう、十分に練って作成してあります。したがって、その内容をよく読み、ご理解のうえお使いいただきたいと思います。

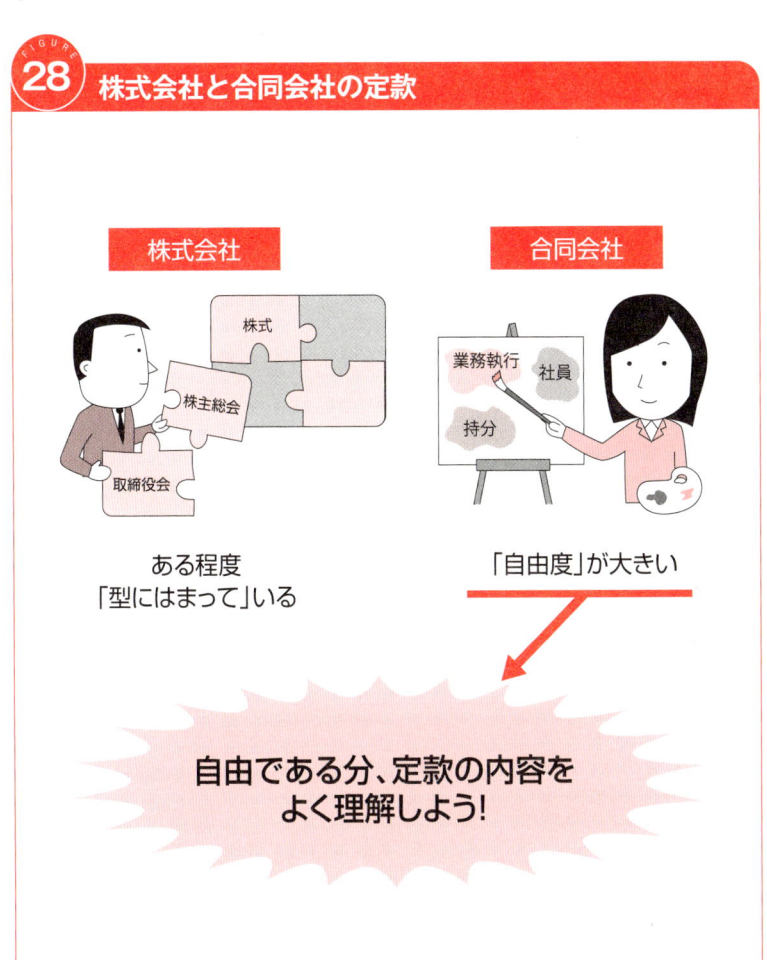

FIGURE 28 株式会社と合同会社の定款

株式会社

合同会社

株式
株主総会
取締役会

業務執行
社員
持分

ある程度
「型にはまって」いる

「自由度」が大きい

**自由である分、定款の内容を
よく理解しよう!**

定款に記名押印

社員が内容を確定した定款はどのように印刷し、記名押印するのでしょうか。その方法を解説します。

1 社員全員の記名押印が必要

社員全員の合意により内容を確定した合同会社の定款は、書面（紙）に印刷または記載します。用紙の大きさ等に決まりがあるわけではありませんが、一般的にはA4版の用紙に片面印刷します。

そして、印刷（記載）した書面に、社員の全員が記名押印しなければなりません。具体的には次のページのとおり、各社員の記名の横に押印し、定款が数ページにわたるときには各ページのつづり目に社員全員が契印（割印）します。

また、定款の「原本」には4万円の収入印紙を貼付する必要があります。収入印紙は定款のどの位置に貼付しても可ですが、社員の全員が消印（印紙と定款との間にかけて割印）する必要があります。

これらの作業で押印する印鑑の種類は、特に法律上の決まりはありません。いわゆる「認め印」を押印することも可です。

この記名押印をもって、合同会社の定款は完成です。

2 電子定款を作成する場合

定款はPDFファイル（電子文書）で作成することも可能です。電子文書で作成された定款を、電子定款といいます。電子定款のメリットは、なんといっても上記4万円の収入印紙の貼付が不要なこと。電子定款の作成方法は第5章に解説していますので、可能な方はぜひチャレンジしてみてください。

29 定款の記名押印等

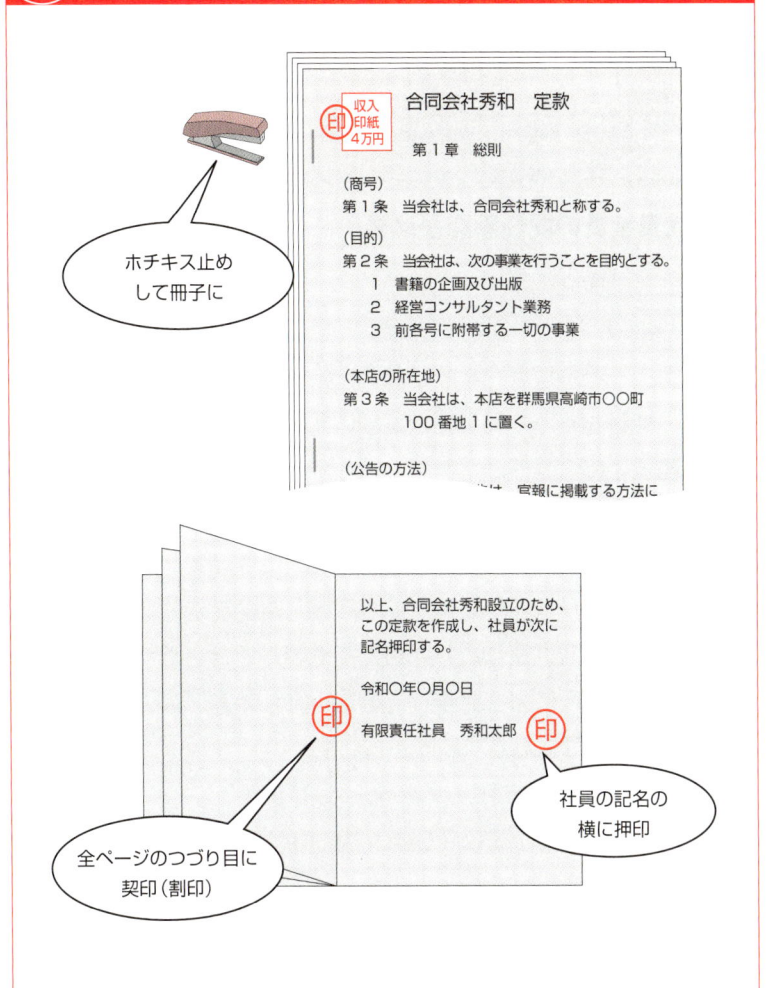

ホチキス止め
して冊子に

合同会社秀和 定款

印 収入印紙4万円

第1章 総則

（商号）
第1条 当会社は、合同会社秀和と称する。

（目的）
第2条 当会社は、次の事業を行うことを目的とする。
1 書籍の企画及び出版
2 経営コンサルタント業務
3 前各号に附帯する一切の事業

（本店の所在地）
第3条 当会社は、本店を群馬県高崎市〇〇町
100番地1に置く。

（公告の方法）
…… 官報に掲載する方法に

以上、合同会社秀和設立のため、
この定款を作成し、社員が次に
記名押印する。

令和〇年〇月〇日

有限責任社員 秀和太郎 印

印

社員の記名の
横に押印

全ページのつづり目に
契印（割印）

※社員が複数のときには、社員全員の
記名押印が必要です。

11 代表社員の就任承諾書

代表社員の就任承諾書の作成方法について解説します。

1 代表社員の就任承諾書は必要？

　合同会社の設立の手続きにおいて、代表社員の**就任承諾書**が必要かどうかについては、その判断が難しい場合があります。少なくとも、本書のモデル定款である定款①または定款②を使用する場合には、代表社員である社員自らが定款に記名押印するものであることから、代表社員の就任承諾書を別途作成することは不要であると解されています。

　しかし、例外的に、定款の作成を代理人に依頼する場合など、代表社員である社員自らが定款に記名押印しないときもあり、代表社員の就任承諾書を別途作成することが必要なときもあります。そもそも、定款の規定による代表社員の選定方法の違いによっても、就任承諾書の要否は左右されます。

　「場合分け」が複雑でわかりにくいのですが、いちばん手軽な解決策としては、常に作成してしまえばいいのです。

2 就任承諾書の作成は簡単

　代表社員の就任承諾書の書式は次ページのとおり簡単で、作成に手間もかかりません。押印も不要です。「要るのか？要らないのか？」悩むくらいなら作成してしまえばいいと思います。代表社員の就任承諾書が不要な場合に、あえてそれを作成したとしても、何の問題もありません。

30 就任承諾書

就任承諾書

　私は、令和○年○月○日、貴社の代表社員に定められたので、
その就任を承諾します。

令和○年○月○日

> 定款作成の日以後で、
> 払込証明書作成日以前の日
> （同日でも可）

　　東京都新宿区○○二丁目２番２号

　　代表社員　　田中秀美

　合同会社シュウワ　御中

※押印不要

株式会社と「同等」の合同会社

　合同会社の定款の内容については大きな自由が認められているため、定款の規定の仕方によっては、株式会社とほとんど「同等」の組織を作ることもできます。

　例えば…

①株式会社の「株主総会」に相当する「社員総会」という機関を設け、最低限、年に１度の開催を義務付ける。

②業務執行社員や代表社員には任期を設け、任期の満了時にはその都度、社員総会で業務執行社員を選び、業務執行社員の互選で代表社員を選定するものとする。

③計算書類は毎年社員総会の承認を受けなければならないものとする。

④社員総会の議決権は、社員全員が平等に持つのではなく、出資の額に応じて持つことにする。

⑤社員総会の決議事項は株式会社と同等の普通決議事項、特別決議事項等を定め、決議要件も株式会社と同等にする。

⑥利益の配当について、株式会社と同じ配当可能利益の制限を設け、配当手続についても株式会社と同等の手続きを必要と定める。

　このように定款の「株式会社化」を徹底すると、まるで株式会社のような合同会社を設立することができるのです。

　しかしながら、いかがなものでしょうか？　合同会社の定款に、そのような株式会社化規定を「張りめぐらせる」なら、初めから株式会社を設立すればいいだけのことです。合同会社が株式会社と「同等」であることに、どんな意味があるのでしょうか？　むしろ株式会社とは「違う」からこそ、合同会社には存在意義がある。そうは言えないでしょうか？　株式会社のような会社が必要ならば株式会社を設立する、合同会社のような会社が必要ならば合同会社を設立する。この選択は重要なことです。合同会社の定款の規定を工夫するにしても、その本質を失わないような形にしたいものです。

CHAPTER 3

出資の払込み

　本章では合同会社設立のステップ2・出資の払い込みについて解説します。

出資の払込み

出資の払込みとはなんでしょうか？　また、いつそれをしなければならないのでしょうか？

1　出資の払込みとは？

合同会社の社員は、定款で定めた出資にかかる金銭の全額（定款①および定款②ともに第5条に記載）を払い込む必要があります。払い込みの方法は社員の合意によって定めることができますが、一般的には代表社員個人名義の金融機関の預金口座に入金する方法によって行います。「設立する合同会社の名義の預金口座」は、現時点（合同会社の設立前）では作ることができませんので、誤解のないようにしてください。

出資は、金融機関の預金口座にその金額の「残高がある」だけでは足らず、その金額を「入金した」という「金銭の動き」が必要です。

なお、本書では出資を金銭に限る（22〜23ページ）ものとして解説していますので、ご了解ください。

2　出資の払込みはいつする？

出資の払込みは、「定款の作成後、合同会社の設立の登記をする時までに」行う必要があります。早すぎても遅すぎても不可ですので、注意してください。

FIGURE
31 出資の払込み

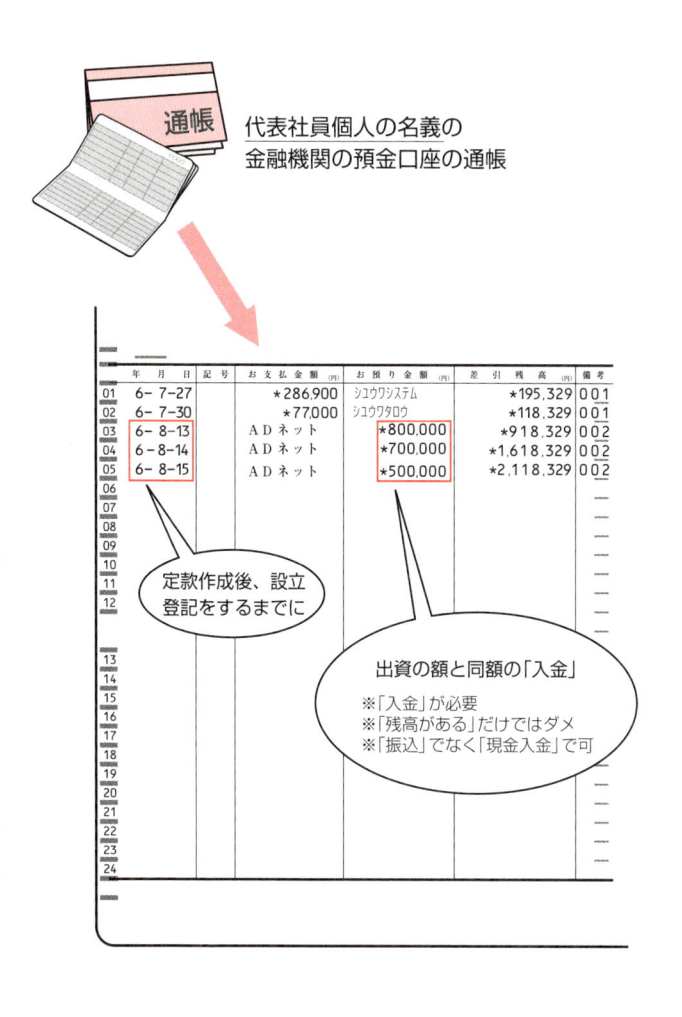

通帳

代表社員個人の名義の
金融機関の預金口座の通帳

年 月 日	記号	お支払金額 (円)	お預り金額 (円)	差引残高 (円)	備考
01 6- 7-27		＊286,900	シュウワシステム	＊195,329	0 0 1
02 6- 7-30		＊77,000	シュウワタロウ	＊118,329	0 0 1
03 6- 8-13		ＡＤネット	＊800,000	＊918,329	0 0 2
04 6- 8-14		ＡＤネット	＊700,000	＊1,618,329	0 0 2
05 6- 8-15		ＡＤネット	＊500,000	＊2,118,329	0 0 2
06				—	
07				—	
08				—	
09				—	
10				—	
11				—	
12				—	
13				—	
14				—	
15				—	
16				—	
17				—	
18				—	
19				—	
20				—	
21				—	
22				—	
23				—	
24				—	

定款作成後、設立
登記をするまでに

出資の額と同額の「入金」

※「入金」が必要
※「残高がある」だけではダメ
※「振込」でなく「現金入金」で可

出資の払込みを証する書面（払込証明書）

出資の払込みはその証明書を作成する必要があります。

1 払込証明書の作成

　出資の払込みが全額完了したら、代表社員は出資の払込みを証する書面（払込証明書）を作成します。

　払込証明書の書式は次のとおりです。この書面と、社員が出資の払込みをした金融機関の預金口座の通帳のコピー（通帳の表紙、金融機関名・支店名・口座番号・名義人名が記載されているページ、払込みの入金が記載されているページ）をホチキス等で1通につづり合せます。押印は不要です。

　払込証明書の書式は、ダウンロードサービスから取得することができます。

FIGURE
32　払込証明書

払込証明書

　当会社の設立に際し、次のとおり出資の全額の払込みがあっ
たことを証明します。

　　　　払込みを受けた金額　　金200万円

令和○年○月○日

　　　　東京都中央区○○一丁目1番1号
　　　　　合同会社シュウワ
　　　　　代表社員　田中秀美

※押印不要
※合同会社秀和（社員1名）の場合でも同様に作成します

FIGURE 33 払込証明書のつづり方

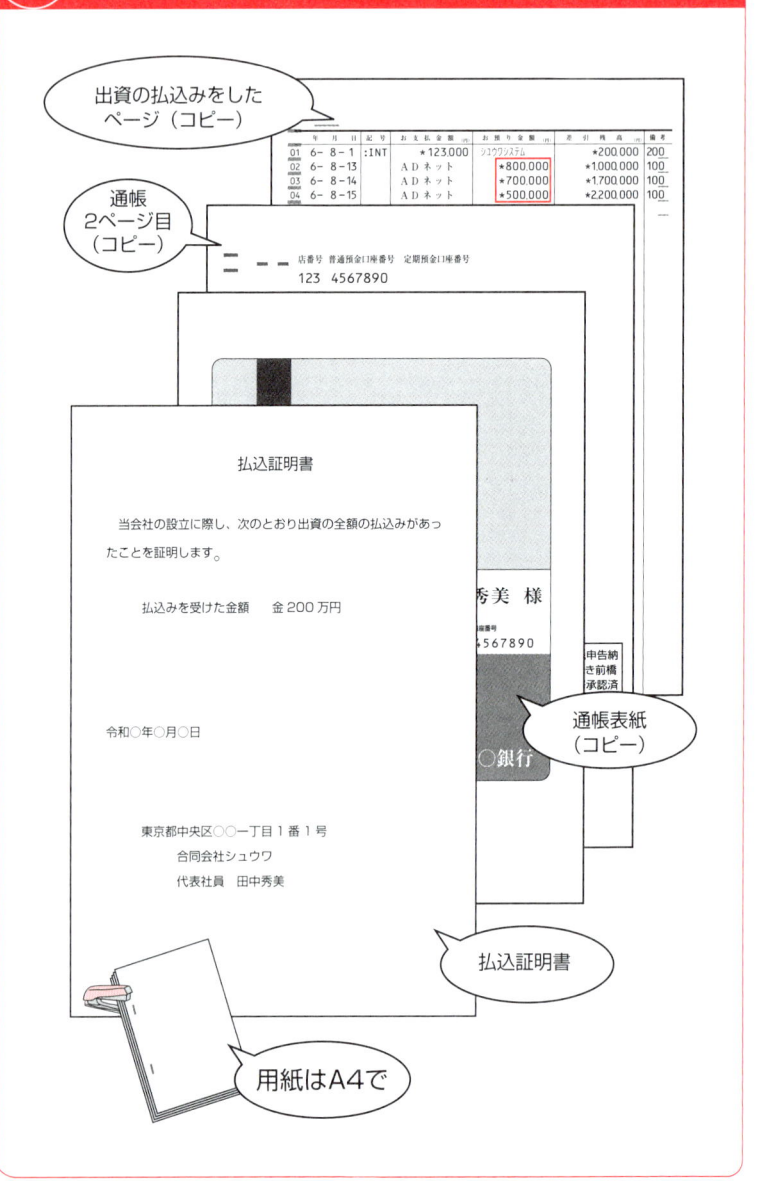

出資の払込みをした
ページ（コピー）

通帳
2ページ目
（コピー）

通帳表紙
（コピー）

払込証明書

用紙はA4で

払込証明書

　当会社の設立に際し、次のとおり出資の全額の払込みがあっ
たことを証明します。

　　　払込みを受けた金額　　金200万円

令和○年○月○日

東京都中央区○○一丁目1番1号
　　合同会社シュウワ
　　代表社員　田中秀美

Column
出資金領収書

　合同会社の出資の払込みを証する書面は、本書で紹介した「払込証明書」を作成する方法のほか、代表社員が各社員から出資を領収した旨の「出資金領収書」を作成する方法もあります。その書式は以下のとおりです。

出資金領収書

社員　秀和太郎　殿

　合同会社秀和の出資として、下記の金銭を受領いたしました。

金100万円

令和〇年〇月〇日
　　　　　　群馬県高崎市〇〇町100番地1
　　　　　　　合同会社秀和
　　　　　　　代表社員　秀和太郎

　この方法を取る（この書類を作成する）場合、通帳のコピーは必要なく、「出資金領収書」で代表社員が各社員から出資の全額を領収したことが確認できれば、それだけで済んでしまいます。方法および書類の形式としては、「出資金領収書」を作成するほうが簡単であるとはいえます。

　しかしながら、この方法では、現実には出資の払込みをしなくても（お金の入金・振込等をしなくても）、「領収書」という書類さえ作成すれば、出資の払込みが「あったことに」できてしまいます。それは出資の払込みの「仮装」です。

　出資の払込みを仮装すると、後に損害賠償の対象となることがあるほか、いわゆる「見せ金」として刑事罰の対象となることもあります。後になって問題視されないためにも、出資はきちんと金融機関の口座に入金または振込し、本書に解説したとおりの「払込証明書」を作成しておくことをお勧めします。

CHAPTER

4

設立の登記の申請

　本章では合同会社設立のステップ3・設立の登記の申請について解説します。

設立の登記の申請をする

合同会社の定款を作成し、出資の払込みを完了したら、次はいよいよ設立の登記の申請をします。

1 合同会社の「誕生日」

先に第2章（50ページ）で述べたとおり、合同会社は、その本店の所在地において設立の登記をすることによって成立します。つまり、「設立の登記をすること」こそが「合同会社を設立すること」。そして、いよいよここからが「設立の登記の手続き」の説明です。

合同会社の成立の日、つまり合同会社の誕生日は、設立の登記の申請をした日になります。希望日がある場合には、その日に設立の登記が申請できるように準備しましょう。ただし、**法務局**の休日（土曜日、日曜日、祝日、年末年始）を設立の日にすることはできません。

2 登記の管轄

設立の登記をする法務局または地方法務局（以下、単に「法務局」と言います）には管轄があり、本店の所在地を管轄する法務局が取り扱います。他の法務局ではいっさい受付できませんので、ご注意ください。管轄は、地域によっては、市区町村単位で細かく指定されていることがあります（特に東京法務局の支局・出張所など）。間違いのないよう、法務局のホームページでよく確認してください。

FIGURE 34

合同会社を設立する

合同会社を設立する＝設立の登記をする

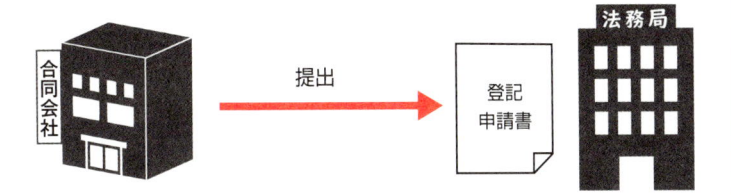

提出

登記
申請書

法務局

合同
会社

合同会社の誕生日＝設立の登記の申請日

● 設立の希望日がある場合には早めに準備を

● 法務局の休日（土・日・祝日、年末年始）は受付できない

　設立の登記（法務局）の管轄は法務局ホームページで
https://houmukyoku.moj.go.jp/homu/static/index.
html

ここまでに作成した書類等の確認

ここまでに作成した書類の確認をしておきましょう。

1 ここまでの手続きで作成した書類

　第2章および第3章で解説した書類は、合同会社の設立の登記申請書の添付書類となります。もう一度、確認しておきましょう。

①定款（社員全員の記名押印のあるもの）1通

　⇒76～77ページ

②代表社員の就任承諾書1通

　⇒78～79ページ

③払込証明書1通

　⇒84～86ページ

2 代表社員の個人の印鑑証明書

　上記の書類に加え、代表社員の個人の印鑑証明書（発行から3ヶ月以内）1通も必要となりますので、ご準備ください。

　この印鑑証明書は、次に説明する印鑑届書の添付書類となるものです。合同会社の設立の登記の申請書の添付書類に準じるものとしてご準備ください。

印鑑届書を作成

法務局に登記申請をする合同会社の代表社員は、登記申請手続きに使用する印鑑の届出をする必要があります。

印鑑の届出

法務局に登記申請をする合同会社の代表社員は、原則として印鑑の届出をする必要があります。法律上の表現では「印鑑の提出」と言いますが、ハンコそのものを差し出すように聞こえますので、本書では「印鑑の届出」という言い方に統一します。

印鑑の届出をするためには、まず印鑑を製作しなければなりません。印章店やネットショップなどに注文して製作します。印影に特別の制約はありませんが、下記のようなものが一般的です。大きさには制限があり、1辺が1cmの正方形より大きく3cmの正方形より小さい必要があります。市販されている普通の印鑑（合同会社の届出印用のもの）であれば、まず問題ないでしょう。

35 印鑑（届出印）の例

印相体という独自の書体で、内側に縦書きで「代表社員印」、
外側の円周に沿うように「合同会社秀和」と彫ってあります。

　印鑑の届出は、設立の登記の申請と同時に、次ページの**印鑑届書**を管轄法務局に提出して行います。印鑑届書の書式は、本書のダウンロードサービスから取得できるほか、法務局のホームページからも取得できます。

　この印鑑届書で届出した印鑑は、今後の登記申請書や委任状に押印するほか、契約その他さまざまな場面で使用します。また、この印鑑の印影が合同会社の代表社員の印鑑証明書の印影となります。つまり、合同会社の実印と言うべき印鑑ですので、しっかりと管理してください。

　この印鑑のことは、「届出印」「代表印」「会社の実印」など、いろいろな呼び方がされますが、本書では「届出印」という呼び方に統一します。

FIGURE 36　届出印の大きさ

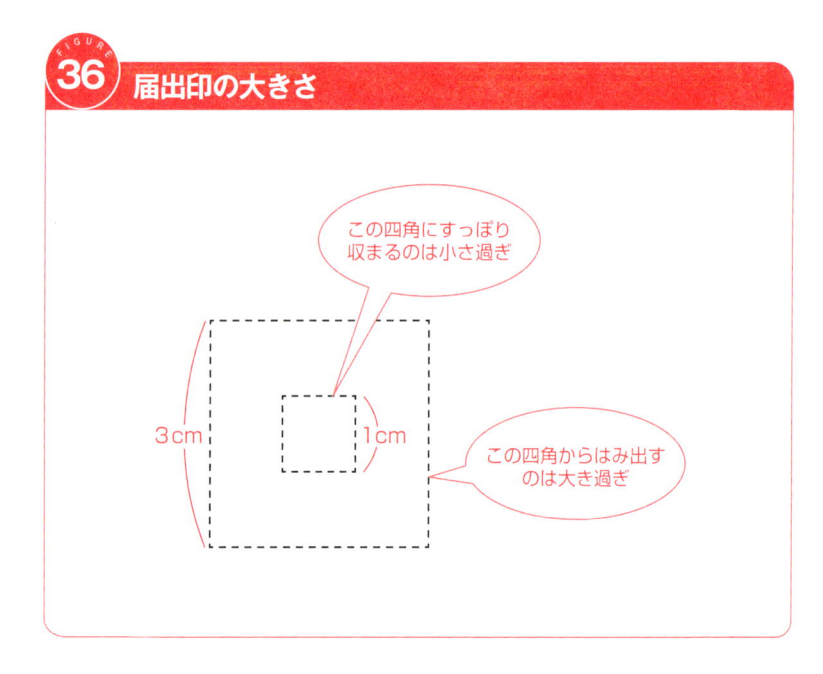

この四角にすっぽり収まるのは小さ過ぎ

3cm　1cm

この四角からはみ出すのは大き過ぎ

FIGURE 37　印鑑届書

印 鑑 （ 改 印 ） 届 書

※ 太枠の中に書いてください。

| （地方）法務局 | 支局・出張所 | 年　　月　　日 届出 |

（注１）（届出印は鮮明に押印してください。）	商号・名称	合同会社シュウワ
届出印	本店・主たる事務所	東京都中央区〇〇一丁目１番１号
	印鑑提出者 資　格	代表取締役・取締役・代表理事 理事・（**代表社員**　　　　　）
	氏　名	田中　秀美
	生年月日	大・㊡・平・西暦　50　年　5　月　5　日生
	会社法人等番号	**会社法人等番号は記載不要（設立前にはわからない）**

□印鑑カードは引き継がない。
（注２）□印鑑カードを引き継ぐ。
　　　　印鑑カード番号　　　　　　　　**チェック**
　　　　前任者

届出人（注３）	☑印鑑提出者本人	□代理人	（注３）の印 （市区町村に登録した印） ※ 代理人は押印不要
住　所	東京都新宿区〇〇二丁目２番２号		**代表社員の個人実印**
フリガナ	タナカ ヒデミ		
氏　名	田中　秀美	**代表社員個人の住所・氏名を記載**	

委 任 状

私は、（住所）　**代理人によって手続するのでなければ**
　　　（氏名）　**委任状には何も記載しない**
を代理人と定め、　□印鑑（改印）の届出、　□添付書面の原本還付請求及び受領
の権限を委任します。
　　　　　　年　　月　　日
　　住　所
　　氏　名　　　　　　　　　　　　　印　（注３）の印 [市区町村に登録した印鑑]

□ 市区町村長作成の印鑑証明書は、登記申請書に添付のものを援用する。（注４）

（注１）印鑑の大きさは、辺の長さが１cmを超え、３cm以内の正方形の中に収まるものでなければなりません。
（注２）印鑑カードを前任者から引き継ぐことができます。該当する□にレ印をつけ、カードを引き継いだ場合には、その印鑑カードの番号・前任者の氏名を記載してください。
（注３）本人が届け出るときは、本人の住所・氏名を記載し、市区町村に登録済みの印鑑を押印してください。代理人が届け出るときは、代理人の住所・氏名を記載（押印不要）し、委任状に所要事項を記載し（該当する□にはレ印をつける）、本人が市区町村に登録済みの印鑑を押印してください。なお、本人の住所・氏名が登記簿上の代表者の住所・氏名と一致しない場合には、代表者の住所又は氏名の変更の登記をする必要があります。

（注４）この届書は作成後３か月以内の本 人の印鑑証明書を添付してください。登記申 請書に添付した印鑑証明書を援用する場合 （登記の申請と同時に印鑑を届け出た場合に 限る。）は、□にレ印をつけてください。	印鑑処理年月日						
	印鑑処理番号	受　付	調　査	入　力	校　合		

（乙号・8）

※ <u>代表社員の個人の印鑑証明書１通を添付する。</u>

印鑑カード交付申請書を作成

合同会社が届出印の印鑑証明書の交付を受ける際には、印鑑カードが必要となります。

1 印鑑カードとは？

印鑑カードとは、合同会社が届出印の印鑑証明書の交付等を受ける際に使用するプラスチック製の磁気カードです。大きさも材質も、金融機関のキャッシュカードに似たカードです。印鑑カードは、合同会社が印鑑の届出をした法務局で交付を受けることができます。なお、印鑑カードの見本は119ページをご覧ください。

2 印鑑カード交付申請書

合同会社の設立の登記を申請する際に、同時に印鑑カード交付申請書を提出しておき、設立の登記の完了後に印鑑カードの交付を受けます。印鑑カードの交付は法律上は任意ですが、印鑑カードがないと合同会社の届出印の印鑑証明書の取得が原則としてできませんので、必ず交付を受けてください。

印鑑カード交付申請書の書式および記載内容は、次ページのとおりです。印鑑カード交付申請書の書式は、本書のダウンロードサービスから取得できるほか、法務局のホームページからも取得できます。

FIGURE 38 印鑑カード交付申請書

印鑑カード交付申請書

※ **太枠の中に書いてください。**

| 照合印 | |

(地方)法務局　　　　支局・出張所　　　　年　月　日　申請

(注1) 登記所に提出した 印鑑の押印欄	商号・名称	合同会社シュウワ
届出印 (印鑑は鮮明に押印してください。)	本店・主たる事務所	東京都中央区○○一丁目1番1号
	印鑑提出者 資格	代表取締役・取締役・**代表社員**・代表理事・理事 (　　　　　　　　　　　　　　　　)
	氏名	田中　秀美
	生年月日	大・**昭**・平・西暦　50　年　5　月　5　日生
	会社法人等番号	会社法人等番号は記載不要 (設立前にはわからない)

チェック

申請人(注2)　☑印鑑提出者本人　□代理人

住所	東京都新宿区○○二丁目2番2号	連絡先	□勤務先　□自宅 ☑携帯電話
フリガナ 氏名	タナカ　ヒデミ 田中　秀美　代表社員個人の住所・氏名を記載		電話番号 000-0000-0000

委　任　状

私は,(住所)　代理人によって手続するのでなければ委任状には
　　　(氏名)　何も記載しない

を代理人と定め、印鑑カードの交付申請及び受領の権限を委任します。

年　　月　　日

住　所
氏　名　　　　　　　　　　　　　　　　　印（登記所に提出した印鑑）

(注1)　押印欄には、登記所に提出した印鑑を押印してください。

(注2)　該当する□にレ印をつけてください。代理人の場合は、代理人の住所・氏名を記載
　　　してください。その場合は、委任状に所要事項を記載し、登記所に提出した印鑑を
　　　押印してください。

交　付　年　月　日	印　鑑　カ　ー　ド　番　号	担当者印	受領印又は署名

(乙号・9)

登記申請書の作成

最後に設立の登記の申請書を作成して準備は完了です。

1 登記申請書とは？

定款その他の書類（92ページ）、代表社員の印鑑証明書、印鑑届書、印鑑カード交付申請書を準備したら、最後の関門である**合同会社設立登記申請書**を作成します。

合同会社の設立の登記は、合同会社設立登記申請書および添付書類等を管轄法務局に提出することで行います。**登記オンライン申請**という方法もありますが、ここでは書面（紙）で作成する方法のみを解説します。登記オンライン申請については、第5章で解説します。

2 合同会社設立登記申請書の書式および形式

合同会社設立登記申請書の書式は、次ページ以降に記載のとおりです。定款①合同会社秀和、定款②合同会社シュウワの両方の申請書を掲げていますので、設立しようとする合同会社の定款の内容に合わせて書式を選択してください（もっとも、違いは業務執行社員の人数だけです）。これらの書式は、本書のダウンロードサービスから取得できます。

合同会社設立登記申請書は、A4版の用紙に片面印刷で作成します。手書きでも構いませんが、鉛筆等の消せる筆記用具は使用不可です。記載事項を明確にするために、パソコン等で作成しプリンタで印刷するほうが望ましいのは言うまでもありません。

登記すべき事項は厳密に法定されており、以下の書式に記載した事項以外の事項を登記することはできません。例えば、あとでわかりやすいように「事業年度」を登記しておこうと思っても、登記できません。

39 **合同会社設立登記申請書（合同会社秀和）**

合同会社設立登記申請書

フリガナ 　　　　　シュウワ　　①
1. 商　　　号　　　合同会社秀和
1. 本　　　店　　　群馬県高崎市〇〇町100番地1
1. 登記の事由　　　令和〇年〇月〇日設立の手続終了 ②
1. 登記すべき事項　別紙のとおり ③
1. 課税標準金額　　金100万円　④
1. 登録免許税　　　金60,000円 ⑤
1. 添付書類
　　定款（原本還付）　　　　　　　　　1通 ⑥
　　代表社員の就任承諾書　　　　　　　1通 ⑦
　　払込証明書　　　　　　　　　　　　1通

上記のとおり、登記の申請をします。

　　令和〇年〇月〇日 ⑧
　　　　　　　群馬県高崎市〇〇町100番地1
　　　　　　　申　請　人　　合同会社秀和
　　　　　　　群馬県高崎市〇〇町100番地1 ⑨
　　　　　　　代表社員　　　秀和太郎　　　　届出印 ⑩
　　　　　　　連絡先の電話番号　000-0000-0000

前橋地方法務局　御中 ⑪

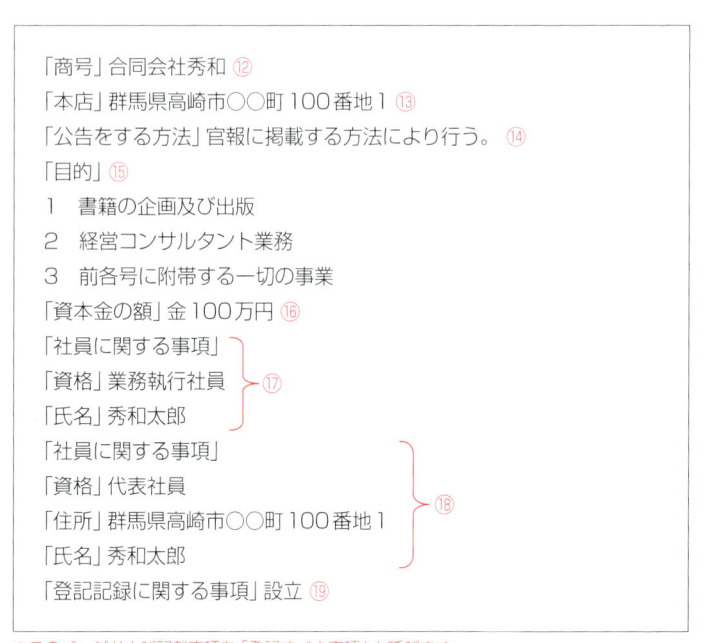

「商号」合同会社秀和 ⑫

「本店」群馬県高崎市○○町 100 番地 1 ⑬

「公告をする方法」官報に掲載する方法により行う。 ⑭

「目的」⑮

1 書籍の企画及び出版

2 経営コンサルタント業務

3 前各号に附帯する一切の事業

「資本金の額」金 100 万円 ⑯

「社員に関する事項」

「資格」業務執行社員 ⑰

「氏名」秀和太郎

「社員に関する事項」

「資格」代表社員

「住所」群馬県高崎市○○町 100 番地 1 ⑱

「氏名」秀和太郎

「登記記録に関する事項」設立 ⑲

※このページおよび記載事項を「登記すべき事項」と呼びます。

収入印紙貼用台紙 ⑳

収入印紙
6万円

㉑

※赤字の丸数字（①②…）に対応した解説を 102 ページ〜 103 ページに付します。なお、実際の登記申請書では丸数字を削除のうえ使用してください。

※本書の構成上、各用紙の大きさが違いますが、実際には全部 A4 の用紙に印刷（記載）します。

FIGURE

40 合同会社設立登記申請書のつづり方

● ホチキスで止める

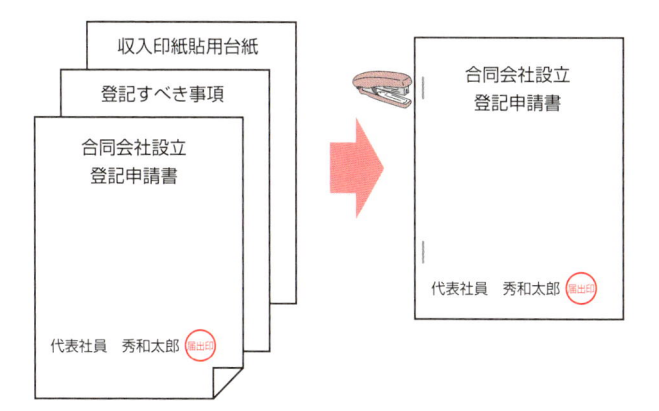

● 契印（割印）する

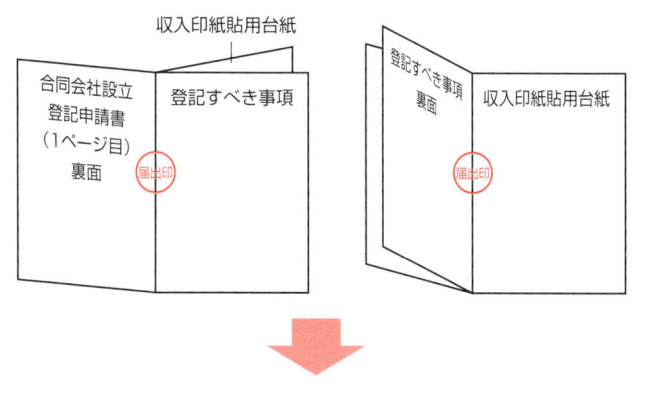

この全部で「合同会社設立登記申請書」となります。

①ひらがな・カタカナの商号でも必ずフリガナを記載します。ただし、「合同会社」のフリガナは不要です。

②会社法に定める合同会社の設立の手続きをすべて完了した日付を記載します。本書に記したとおりの順序で手続きをした場合には、払込証明書（84ページ）を作成した日付となります。

③別紙とは、登記すべき事項が記載された用紙を指します。

④課税標準金額は、資本金の額（1000円未満は切捨て）です。

⑤登録免許税は、資本金の額に7/1000を乗じた額（100円未満は切捨て）です。ただし、これによって算出した額が6万円に満たない場合は、6万円となります。

⑥社員全員の記名押印のある定款原本を添付します。登記の完了後、原本の返却を受けたい場合には、原本還付の手続きを取ります（108〜109ページ）。原本還付の手続きを取るときには、登記申請書の添付書類名の記載に（原本還付）と付記します。

⑦代表社員の就任承諾書は必要な場合と不要な場合がありますが、本書では常に添付すると考えておきます（78ページ）。

⑧登記申請書を実際に法務局に提出する日を記載します。郵送等の場合は郵便局等に差し出す日で構いませんが、設立の登記の受付日（合同会社の成立の日）は、法務局が登記申請書を実際に受領した日となります。

⑨代表社員の個人の住所を記載します。合同会社秀和では合同会社の本店と代表社員の住所が同一なので間違う余地はありませんが、それらが異なる合同会社も数多くありますので、ご注意ください。

⑩必ず「届出印」（93〜95ページ）を押印してください。それ以外の印を押印すると、補正または却下の対象となります。

⑪申請する法務局を間違えないよう、よくご確認ください。

⑫定款第1条

⑬定款第3条

⑭定款第4条

⑮定款第2条。誤記のないよう、定款のファイルからコピー＆ペーストしましょう。

⑯定款第18条

⑰定款第6条。業務執行社員は住所を登記しません。

⑱定款第6条、第5条。代表社員は住所を登記します。

⑲日付を記載せず、単に「設立」とします。合同会社秀和の登記すべき事項は⑫〜⑲がすべてであり、過不足なく登記しなければなりません。

⑳「収入印紙貼用台紙」というタイトルは、なくても可です（ただの白紙でも可）。

㉑登録免許税は登記申請書（収入印紙貼用台紙）に、税額に相当する額の収入印紙を貼付して納付します。貼付した収入印紙に消印をしてはいけません。収入印紙の内訳に決まりはありませんので、例えば1万円の収入印紙を6枚貼っても可です。

41 合同会社設立登記申請書（合同会社シュウワ）

合同会社設立登記申請書

　フリガナ　　　　シュウワ

1.商　　　号　　　合同会社シュウワ

1.本　　　店　　　東京都中央区○○一丁目1番1号

1.登記の事由　　　令和○年○月○日設立の手続終了

1.登記すべき事項　別紙のとおり

1.課税標準金額　　金200万円

1.登録免許税　　　金60,000円

1.添付書類

　　定款（原本還付）　　　　　　　　　　1通

　　代表社員の就任承諾書　　　　　　　　1通

　　払込証明書　　　　　　　　　　　　　1通

上記のとおり、登記の申請をします。

　　令和○年○月○日

　　　　　　　　東京都中央区○○一丁目1番1号

　　　　　　　　申　請　人　　合同会社シュウワ

　　　　　　　　東京都新宿区○○二丁目2番2号

　　　　　　　　代表社員　　　田中秀美　　　　　（届出印）

　　　　　　　　連絡先の電話番号　000-0000-0000

東京法務局　御中

「商号」合同会社シュウワ

「本店」東京都中央区○○一丁目1番1号

「公告をする方法」官報に掲載する方法により行う。

「目的」

1　書籍の企画及び出版

2　経営コンサルタント業務

3　前各号に附帯する一切の事業

「資本金の額」金200万円

「社員に関する事項」

「資格」業務執行社員

「氏名」田中秀美

「社員に関する事項」

「資格」業務執行社員

「氏名」佐藤静夫

「社員に関する事項」

「資格」代表社員

「住所」東京都新宿区○○二丁目2番2号

「氏名」田中秀美

「登記記録に関する事項」設立

※このページおよび記載事項を「登記すべき事項」と呼びます。

収入印紙貼用台紙

収入印紙
6万円

※解説は、ほとんど合同会社秀和と同じなので省略します。

※本書の構成上、各用紙の大きさが違いますが、実際には全部A4の用紙に印刷（記載）します。

登記すべき事項の提出方法

登記すべき事項は CD-R 等で提出する方法もあります。

1 CD-R 等での提出

合同会社設立登記申請書の登記すべき事項（100ページ、105ページ）は、**CD-R** または **DVD-R** で提出する方法もあります。その場合、書面で提出する登記申請書には、登記すべき事項を印刷（記載）する必要はありません。登記すべき事項を CD-R 等で提出する場合の注意事項は、次ページのとおりです。

登記すべき事項を CD-R 等で提出することの意義は、法務局のミスを低減することにあります。書面で提出された登記すべき事項は、法務局でスキャナによる読み込みをし、登記官等の職員が確認して登記簿に記録します。スキャナの精度の問題もありますし、職員による確認にミスが生じることもあります。CD-R 等でデータとして提出することで、情報の間違いを低減することができるわけです。

2 QR コード付き書面申請

書面申請の一種として、**QR コード付き書面申請**という方法も準備されています。登記・供託オンライン申請システム（法務省）が無償で提供する申請用総合ソフトというソフトウエアを利用する方法です。しかし率直に言って、QR コード付き書面申請をするくらいなら、もう少しだけ頑張って登記オンライン申請（第5章）をしたほうがいいでしょう。したがって、本書では説明を省略します。

42　登記すべき事項を CD-R 等で提出する方法

登記申請書の記載を次のとおり変更します。

合同会社設立登記申請書

1．登記の事由　　　令和○年○月○日設立の手続終了
1．登記すべき事項　×別紙のとおり

　　　　　　　　　　○別添CD-Rのとおり

この場合、CD-R 等で提出する登記すべき事項は、書面に印刷（記載）
する必要はありません。

● 普通に市販されている CD-R または DVD-R であればたい
てい使用可能
● 登記すべき事項はテキスト形式（ファイル名は○○○.txt）
で CD-R 等に記録する。すべて全角文字で記述し、半角文字、
半角スペース、Tab を使わない
● CD-R 等は返却されない
● CD-R 等に商号を記載するか、記載した付せん等を貼り
付ける（はがれないように）

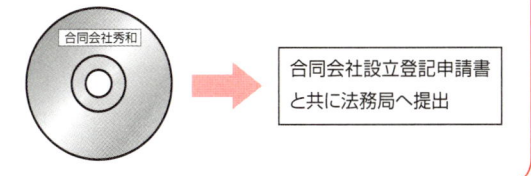

合同会社秀和

合同会社設立登記申請書
と共に法務局へ提出

添付書類の原本還付

添付書類のうち返還を希望する書類は、原本還付という手続きを取ります。

1 原本還付とは？

合同会社設立登記申請書の添付書類のうち返還を希望する書類は、一定の手続きを取ることで、法務局から返還を受けることができます。この返還の手続きを、**原本還付**といいます。

原本還付を希望する書類はコピーを取り、次ページの処理をして、いったん原本とコピーの「両方」を合同会社設立登記申請書の添付書類として管轄法務局に提出します。

原本は、原則として設立の登記の完了後に返還されますので、管轄法務局の窓口で受領します。返還すべき原本に返送用封筒（宛名を書き郵便切手を貼ったもの、またはレターパック等）を添付しておけば、郵送で受領することもできます。

2 原本還付できない書類

印鑑届書および印鑑カード交付申請書は、合同会社設立登記申請書と同時に法務局に提出しますが、添付書類ではないので、原本還付することはできません。ただし、印鑑届書に添付する代表社員の個人の印鑑証明書は原本還付できます。

また、押印を要しない書類（代表社員の就任承諾書、払込証明書）は、もともとコピーを提出することで足りるので、原本還付をする意味がありません。

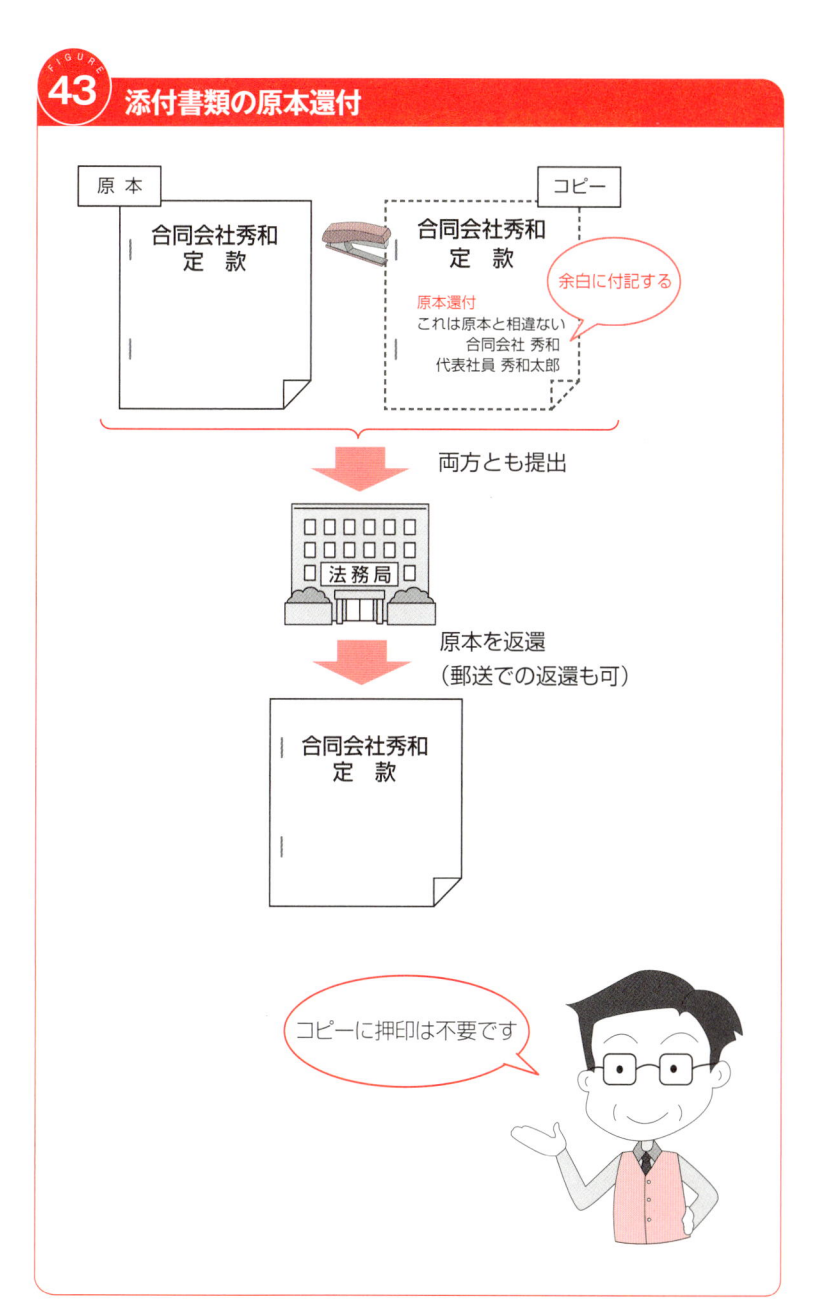

FIGURE 43 添付書類の原本還付

| 原 本 | | コピー |

合同会社秀和
定　款

合同会社秀和
定　款

余白に付記する

原本還付
これは原本と相違ない
　　合同会社 秀和
　　代表社員 秀和太郎

両方とも提出

法務局

原本を返還
（郵送での返還も可）

合同会社秀和
定　款

コピーに押印は不要です

書類のまとめ方

以上で合同会社の設立の登記の申請はすべて準備が整いました。
作成した書類等のまとめ方を説明します。

1 まとめる書類

　合同会社の設立の登記の申請は、ここまでに作成した次の書類等
の全部をまとめて提出します。

---

①合同会社設立登記申請書
　（登記すべき事項をCD-R等で提出する場合はCD-R等）
②添付書類
　・定款
　・代表社員の就任承諾書
　・払込証明書
③印鑑届書＋代表社員の個人の印鑑証明書
④印鑑カード交付申請書

---

2 まとめ方

　書類等のまとめ方は、次ページのとおりです。ホチキス止めする
もの、しないもの、原本還付の有無等にご注意ください。

　また、原本還付する書類の返還用または印鑑カード受領用の封筒
（レターパック）等も、必要があれば同時にまとめて提出します。な
お、返還・受領用の封筒等は1通添付すれば全部まとめて返送して
くれます。

FIGURE 44 書類のまとめ方

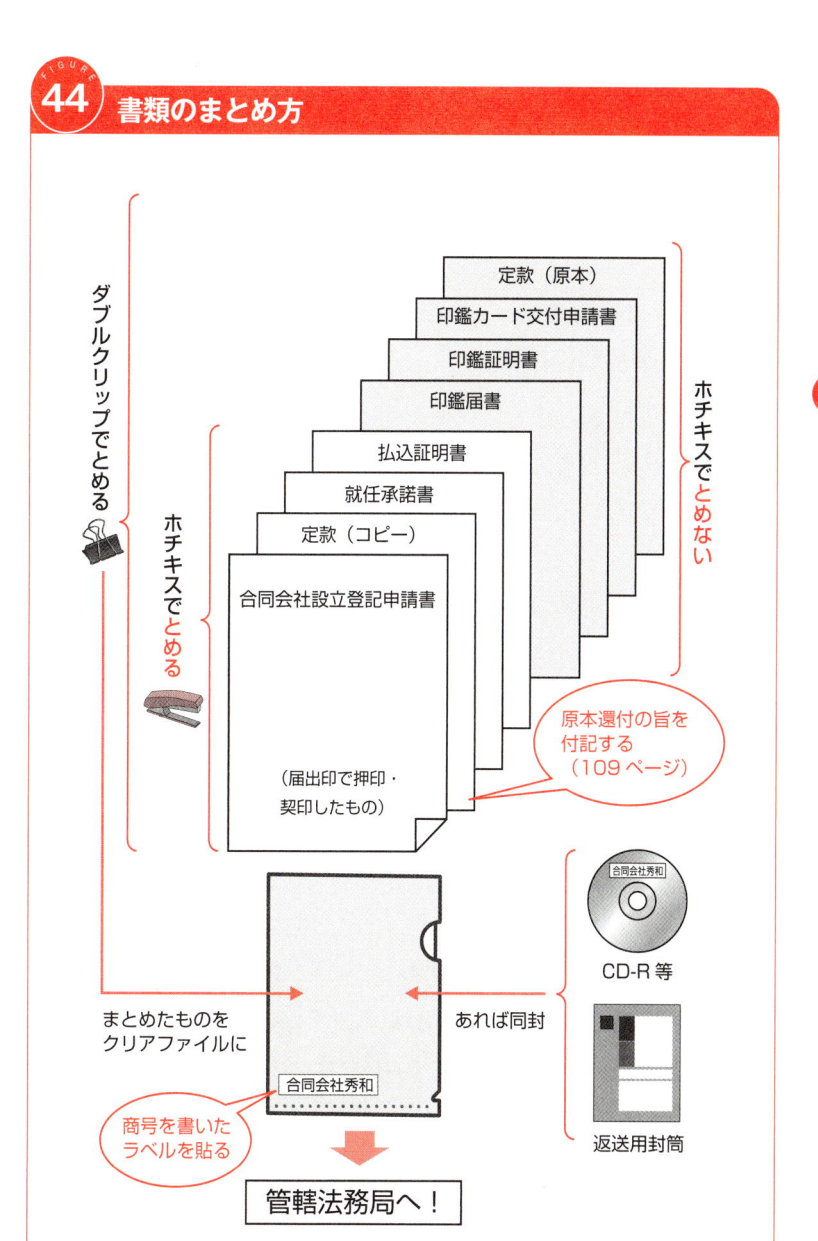

ダブルクリップでとめる

定款（原本）
印鑑カード交付申請書
印鑑証明書
印鑑届書

ホチキスでとめない

払込証明書
就任承諾書
定款（コピー）

ホチキスでとめる

合同会社設立登記申請書

（届出印で押印・契印したもの）

原本還付の旨を
付記する
（109ページ）

まとめたものを
クリアファイルに

合同会社秀和

商号を書いた
ラベルを貼る

CD-R等

合同会社秀和

あれば同封

返送用封筒

管轄法務局へ！

合同会社設立登記申請書の提出

前ページのとおりまとめた書類等を、管轄法務局に提出します。

1 管轄法務局に持参

　前ページのとおりまとめた合同会社設立登記申請書および添付書類等を、管轄法務局に持参し、提出します。この提出の日が登記の申請の日であり、合同会社の成立の日（合同会社の誕生日）となります。

　法務局が登記申請書の提出を受付できるのは、祝日と年末年始（12月29日〜1月3日）を除く月曜日〜金曜日の午前8時30分から午後5時15分までです。事前のアポイント等は不要です。受付は驚くほど簡素で、担当職員が書類を受け取って終わりです。法務局によっては、その場で簡単に書類を確認することがあるかもしれません。

2 管轄法務局に郵送

　持参する代わりに郵送等で送付することも可能です。この場合も、送付先は管轄法務局となりますので、あて先を間違えないようご注意ください。送付先を間違えても転送等の対応はしてくれません。

　郵送等では法務局への到達日をコントロールできないこともありますので、特定の日を設立日にしたいという希望のある場合には、持参したほうがいいでしょう。

　郵送等の方法については特に規定はありませんが、法務局への到達を確実にしたいので、書留郵便等（レターパックプラスなど）で送付するようにしましょう。

③ 完了予定日の確認

　合同会社設立登記申請書および添付書類等を持参した際に、受付窓口に表示してある登記の完了予定日を確認しておきます。また、完了予定日は法務局のホームページにも公開されていますので、郵送で提出した場合になどにはそこで確認します。

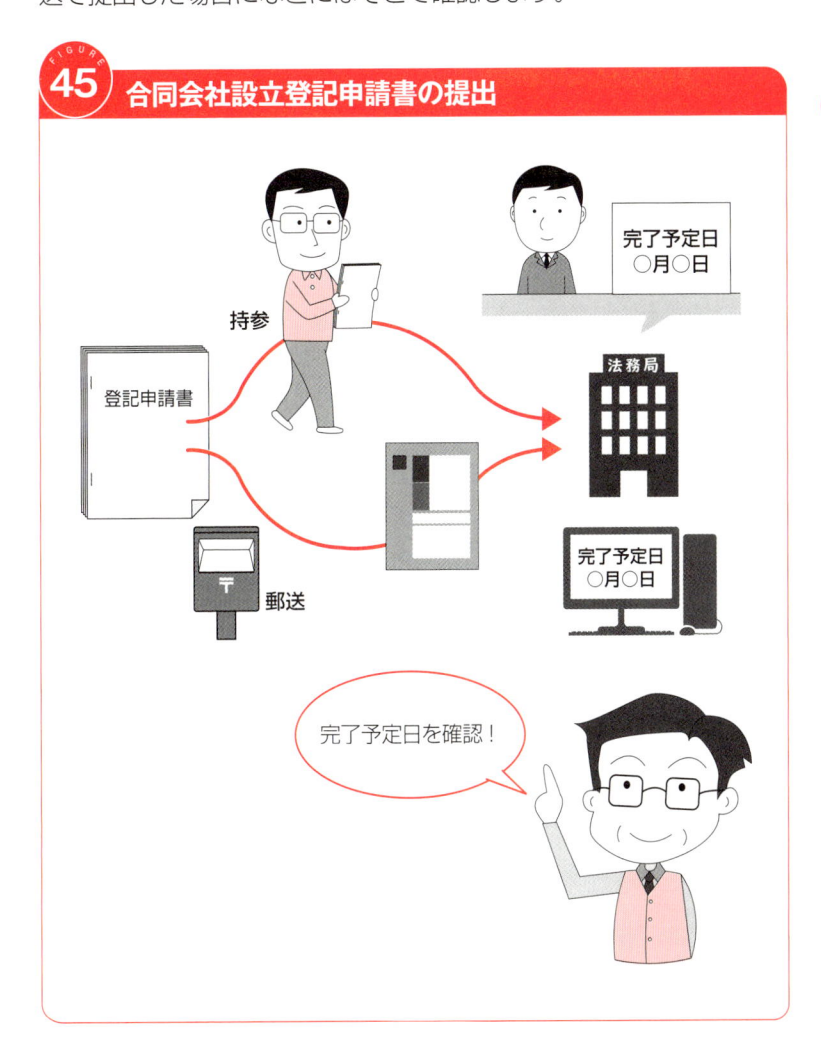

FIGURE 45　合同会社設立登記申請書の提出

完了予定日
○月○日

持参

登記申請書

法務局

完了予定日
○月○日

〒 郵送

完了予定日を確認！

10 補正の方法と取下げ

合同会社設立登記申請書または添付書類等について、法務局（登記官）から補正を命じられることがあります。

1 補正が必要な場合

合同会社設立登記申請書または添付書類等に不備や間違いがあった場合、法務局（登記官）から**補正**を命じられることがあります。

補正の指示は、合同会社設立登記申請書に記載した電話番号あてに連絡があります。補正の理由は次ページのとおりさまざまですが、登記官の指示にしたがって訂正してください。

補正は、補正書を提出して郵送等で行うことも可能ですが、慣れていないとなかなか難しいので、法務局に出向いて直接書類の訂正等をしたほうが早いでしょう。補正は原則として代表社員が行います。補正の際には、届出印および本人確認書類（運転免許証またはマイナンバーカード等）を持参します。

補正があった場合、登記の完了が当初の完了予定日より遅れるのが普通です。補正をするときに、登記官に新たな完了予定日を尋ねておきましょう。なお、定められた期間内に補正しなかったとき、補正できなかったときは、登記申請は却下されます。

2 補正が不可能な場合

合同会社設立登記申請書または添付書類等に不備や間違いがあり、それが訂正不可能な場合には、補正はできません。その場合には、登記官から**取下げ**を求められます。取下げが必要となる具体的な理由の例は、次ページのとおりです。

取下げは**取下書**を提出して行いますが、用紙は法務局にありますので、登記官の指示に従って記入し、届出印を押印して提出してください。その際、登録免許税の還付請求をすることまたは収入印紙の再使用証明を受けることも必要となりますので、合わせて登記官の指示に従い手続きしてください。

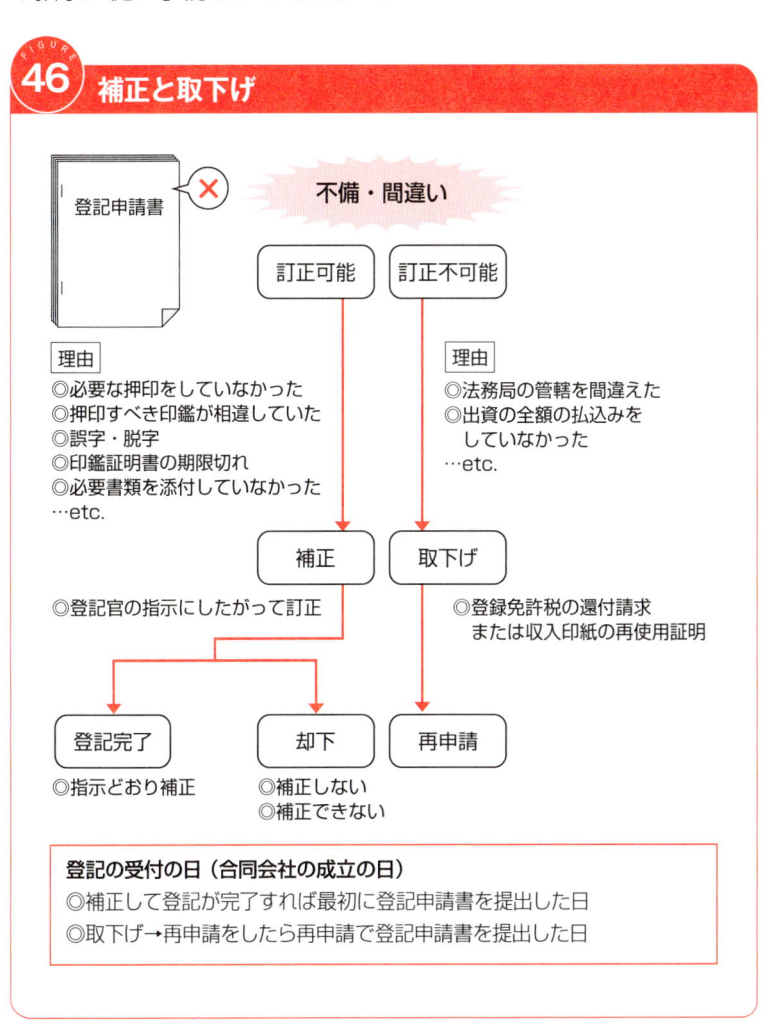

FIGURE
46 補正と取下げ

登記申請書 ✕　不備・間違い

訂正可能　　訂正不可能

理由
◎必要な押印をしていなかった
◎押印すべき印鑑が相違していた
◎誤字・脱字
◎印鑑証明書の期限切れ
◎必要書類を添付していなかった
…etc.

理由
◎法務局の管轄を間違えた
◎出資の全額の払込みを
　していなかった
…etc.

補正　　取下げ

◎登記官の指示にしたがって訂正

◎登録免許税の還付請求
　または収入印紙の再使用証明

登記完了　　却下　　再申請

◎指示どおり補正

◎補正しない
◎補正できない

登記の受付の日（合同会社の成立の日）
◎補正して登記が完了すれば最初に登記申請書を提出した日
◎取下げ→再申請をしたら再申請で登記申請書を提出した日

登記事項証明書の交付

合同会社の設立の登記が完了したら、登記事項証明書を申請し交付を受けます。

1 登記の完了

　合同会社の設立の登記は、実は完了しても法務局から何の連絡もありません。完了予定日が経過しても補正の通知がなければ無事に手続きが完了していると思われますので、管轄法務局に電話で問い合わせてみるとよいでしょう。もっとも、問い合わせるまでもなく、次に説明する**登記事項証明書**を申請してみてもいいです。登記事項証明書が交付されれば、設立の登記が無事に完了しているということです。

2 登記事項証明書の交付

　合同会社の設立の登記が完了したら登記事項証明書を申請し、交付を受けます。登記事項証明書の申請方法はいろいろありますが、誰でも可能なのは交付申請書に必要事項を記入し、法務局の窓口に提出し交付を受ける方法です。

　登記事項証明書については法務局の管轄はありません。どこの法務局でも、全国の合同会社の登記事項証明書の交付を受けることができます。登記事項証明書は通常の合同会社では1〜2枚の紙切れですが、それがまさに「合同会社が設立された証」となる書類です。合同会社の設立以後、事業を続ける限り、何度も交付を受け、さまざまな手続きで提出する必要がある書類です。申請方法はしっかりマスターしておきましょう。

合同会社の設立直後には、金融機関の口座開設、税務署や市区町村役場、年金事務所などに提出する必要がありますので、必要な通数の交付を受けておきます。

　登記事項証明書交付申請書の用紙は、法務局の窓口に備え付けられていますので、法務局に行ってから手書きすれば用が足ります。なお、本書ダウンロードサービスからも取得可能です。

Column

オンライン請求の利用

　本書に紹介した方法で登記事項証明書を申請し交付を受ける場合、1通600円の手数料がかかります。しかし、オンライン請求をして郵送で送付を受けると1通500円、オンライン請求をした上で法務局等の窓口で交付を受けると1通480円と、少し安くなります。一定のオンライン環境が必要なのでその点のハードルはありますが、可能であれば利用してみてください。

　詳しい請求方法は法務局のホームページで解説されています。

　（手数料の金額は、いずれも本書執筆時点の金額）

47 登記事項証明書交付申請書

会社法人用	登 記 事 項 証 明 書	
	登 記 簿 謄 抄 本　交付申請書	
	概 要 記 録 事 項 証 明 書	

履歴事項証明書は1通600円 請求通数分の収入印紙を貼る、割印(消印)しない

※ 太枠の中に書いてください。

（地方）法務局　　　　支局・出張所

窓口に来られた人 （申請人）	住　所	東京都台東区○○四丁目4番4号	
	フリガナ	サトウ　シズオ	収 入 印 紙
	氏　名	佐藤　静夫	
商号・名称 （会社等の名称）		合同会社シュウワ	
本店・主たる事務所 （会社等の住所）		東京都中央区○○一丁目1番1号	
会社法人等番号		0100-03-000000	収 入 印 紙

代表社員等でなくても誰でも申請可能 委任状も不要

わかっていれば記載する

※　必要なものの□にレ印をつけてください。

請　　　　　求　　　　　事　　　　　項		請求通数
①全部事項証明書（謄本） ☑ 履歴事項証明書（閉鎖されていない登記事項の証明） 　※現に効力がある登記事項に加えて、当該証明書の交付の請求があった日の3年前の日の 　　属する年の1月1日から請求があった日までの間に抹消された事項等を記載したもので □ 現在事項証明書（現に効力がある登記事項の証明） □ 閉鎖事項証明書（閉鎖された登記事項の証明） 　※当該証明書の交付の請求があった日の3年前の属する年の1月1日よりも前に 　　抹消された事項等を記載したものです。		3　通
②一部事項証明書（抄本） □ 履歴事項証明書 □ 現在事項証明書 □ 閉鎖事項証明書 ※商号・名称区及び会社法人状態区はどの請求にも表示されます。	※　必要な区を選んでください □　株式・資本区 □　目的区 □　役員区 □　支配人・代理人区 ※2名以上の支配人・参事等がいる場合で、その一部の者のみを請求するときは、その支配人・参事等の氏名を記載してください （氏名　　　　　　　　） □　その他（　　　　　　　　　）	通
③□代表者事項証明書（代表権のある者の証明） ※2名以上の代表者がいる場合で、その一部の者のみを請求するときは、その代表者の氏名を記載してください。氏名（　　　　　　　　）		通
④コンピュータ化以前の閉鎖登記簿の謄抄本 □　コンピュータ化に伴う閉鎖と登記簿謄本 □　閉鎖謄本（　　　　年　　　月　　　　日閉鎖） □　閉鎖役員欄（　　　　年　　　月　　　　日閉鎖） □　その他（　　　　　　　　　　　　　　）		通
⑤概要記録事項証明書 □　現在事項証明書（動産譲渡登記事項概要ファイル） □　現在事項証明書（債権譲渡登記事項概要ファイル） □　閉鎖事項証明書（動産譲渡登記事項概要ファイル） □　閉鎖事項証明書（債権譲渡登記事項概要ファイル） ※請求された登記記録がない場合には、記録されている事項がない旨の証明書が発行されます。		通

取引先・金融機関・官公庁等に提出する場合、一般的には「履歴事項証明書」を申請する

収入印紙は割印をしないでここに貼ってください。

交 付 通 数	交 付 枚 数	手 数 料	受 付・交 付 年 月 日

（乙号・6）

12 印鑑カードの受領と印鑑証明書の取得

合同会社の設立の登記が完了したら印鑑カードを受領し、代表社員の印鑑証明書を申請し交付を受けます。

1 印鑑カードの受領

　合同会社の設立の登記の申請と同時に印鑑カード交付申請書を提出しておいた場合（96ページ）、登記の完了後、直ちに登記を申請した法務局の窓口で印鑑カードを受領できます。受領の際には、届出印と本人確認書類（運転免許証またはマイナンバーカード等）を持参してください。

　印鑑カード交付申請書の提出の際に、返送用封筒（宛名を書き郵便切手を貼ったもの、またはレターパック等）を添付しておけば、郵送で受領することもできます。

48 印鑑カード見本

- ●プラスチック製
- ●キャッシュカードと同じサイズ

2 合同会社の代表社員の印鑑証明書

　合同会社の設立の登記が完了したあとには、届出印について、合同会社の代表社員の**印鑑証明書**の交付を受けることができます。印鑑証明書も登記事項証明書と同じく、合同会社の設立後、何度も取得することが必要になる書類ですので、申請方法をマスターしておきましょう。

3 印鑑証明書の申請方法

　印鑑証明書の申請方法にもいろいろありますが、誰でも可能なのは印鑑証明書交付申請書に必要事項を記入し、印鑑カードを添えて、法務局の窓口に提出し申請する方法です。

　印鑑証明書についても法務局の管轄はありません。どこの法務局でも、全国の合同会社の印鑑証明書の交付を受けることができます。

　印鑑証明書交付申請書の用紙は、法務局の窓口に備え付けられていますので、法務局に行ってから手書きすれば用が足ります。なお、本書ダウンロードサービスからも取得可能です。

Column

印鑑証明書のオンライン請求

　印鑑証明書も登記事項証明書と同じくオンライン請求することができ、その場合も手数料が少し（最大で60円）安くなります。ただし、印鑑証明書のオンライン請求は電子署名が必要となるため、登記事項証明書をオンライン請求する場合よりハードルが高いかもしれません。

　詳しくは法務局のホームページをご覧ください。

FIGURE 49 印鑑証明書交付申請書

会社法人用	印鑑証明書交付申請書

印鑑証明書は1通450円
請求通数分の収入印紙を貼る
割印（消印）しない

※ 太枠の中に書いてください。

（地方）法務局　　　　支局・出張所　　　　年　　月　　日 申請

商号・名称 （会社等の名前）	合同会社シュウワ	収入印紙欄
本店・主たる事務所 （会社等の住所）	東京都中央区○○一丁目１番１号	収 入 印 紙
支配人・参事等を置いた営業所又は事務所		
印鑑提出	資　格	代表取締役・取締役・⦅代表社員⦆・代表理事・理事・支配人 （　　　　　　　　　　　　　　　　　　　　　　　）	収 入 印 紙
	氏　名	田中　秀美	
	生年月日	大・⦅昭⦆・平・西暦　　50　年　5　月　5　日生	
印鑑カード番号	０ ０ ０ ０ － ０ ０ ０ ０ ０ ０ １	
請求通数	印鑑カードの表に記載がある　　3　通	

収入印紙は割印をしないでここに貼ってください。

（登記印紙も使用可能）

窓口に来られた人（申請人）　　※いずれかの□にレ印をつけ、代理人の場合は住所・氏名を記載してください。

☑ 印鑑提出者本人

□ 代　理　人

住　所

フリガナ
氏　名

※代理人の場合でも委任状は必要ありません。

※必ず印鑑カードを添えて
申請してください。

交 付 通 数	整 理 番 号	手 数 料	受 付 ・ 交 付 年 月 日

（乙号・１１）

13 証明書発行請求機

法務局等に設置された証明書発行請求機でも登記事項証明書・印鑑証明書の交付を受けることができます。

1 証明書発行請求機

各地の法務局の窓口または法務局証明サービスセンターに、**証明書発行請求機**が設置されています。証明書発行請求機を使用すれば、書面の交付申請書を書かなくても登記事項証明書や印鑑証明書の請求をし、交付を受けることができます。使用方法は非常に簡単ですので、証明書発行請求機を見かけたらぜひ利用してみてください。

なお、印鑑証明書の交付を受ける場合には、証明書発行請求機を利用するときでも印鑑カードが必須です。また、証明書発行請求機で登記事項証明書の交付を受ける場合に、（必須ではありませんが）印鑑カードがあれば申請する合同会社の入力がスムーズにできます。

証明発行請求機を使う場合
書面の交付申請書は不要！

2 登記事項証明書および印鑑証明書のサンプル

最後に、登記事項証明書および印鑑証明書のサンプルを掲げます。これで合同会社の設立手続きは無事にすべて完了です。

お疲れさまでした！

FIGURE 50 登記事項証明書（履歴事項全部証明書）

履 歴 事 項 全 部 証 明 書　　　サンプル

東京都中央区〇〇一丁目1番1号
合同会社シュウワ

会社法人等番号	0 1 0 0 － 0 3 － 0 0 0 0 0 0
商　号	合同会社シュウワ
本　店	東京都中央区〇〇一丁目1番1号
公告をする方法	官報に掲載する方法により行う。
会社成立の年月日	令和〇年〇月〇日
目　的	1　書籍の企画及び出版 2　経営コンサルタント業務 3　前各号に附帯する一切の事業
資本金の額	金200万円
社員に関する事項	業務執行社員　　田　中　秀　美
	業務執行社員　　佐　藤　静　夫
	東京都新宿区〇〇二丁目2番2号 代表社員　　　　田　中　秀　美
登記記録に関する事項	設立 　　　　　　　　　　　令和〇年〇月〇日登記

> 設立の登記の申請日が記載される

QR
コード

これは登記簿に記載されている閉鎖されていない事項の全部であることを証明
した書面である。
（東京法務局管轄）
　　　　　　　　令和〇年〇月〇日
　　　　　　　〇〇地方法務局〇〇支局
　　　　　　　登記官　　　　　　　　法　務　守　夫

〇〇地方
法務局〇
〇支局登
記官之印

1／1

整理番号　ア000000　　※下線のあるものは抹消事項であることを示す。

※地紋のある専用紙で発行されます。

FIGURE
51 印鑑証明書

サンプル

印 鑑 証 明 書

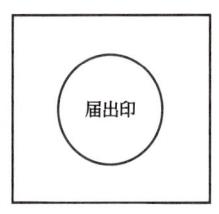

届出印

会社法人等番号　　０１００－０３－０００００００

商　　　　号　　合同会社シュウワ

本　　　　店　　東京都中央区○○一丁目１番１号

代表社員　　　田　中　秀　美

昭和５０年　　５月　　５日生

QR
コード

これは提出されている印鑑の写しに相違ないことを証明する。

（東京法務局管轄）

令和○年○月○日

○○地方法務局○○支局

登記官　　　　　　　　　　法　務　守　夫

○○地方
法務局○
○支局登
記官之印

整理番号　リ０００００

※地紋のある専用紙で発行されます。

CHAPTER

5

電子定款作成および
登記オンライン申請

この章では電子定款を作成する方法と登記オンライン申請
について、基礎的な事項を解説します。

電子定款作成および登記オンライン申請

第5章の目的について解説します。

1　電子定款作成および登記オンライン申請

　デジタル社会の発展は、会社実務や登記手続きにも大きな影響を与えています。本書のテーマとの関連でいえば、電子定款の作成および登記オンライン申請がそれに該当します。

　電子定款とは、第2章で解説した書面（紙）で作成する定款を、電子ファイル（PDF ファイル）で作成したものです。PDF ファイルには記名押印ができませんので、**電子署名**という技術を用いて作成します。

　登記オンライン申請とは、第4章で解説した設立の登記の申請について、書面の登記申請書および添付書類を提出してするのではなく、インターネットを利用した情報通信によって行うものです。登記オンライン申請についても、電子署名を用います。

2　電子定款を作成するモチベーション

　電子定款を作成するモチベーションは、なんといっても、書面で作成する場合に定款に貼付しなければならない収入印紙が「不要」になることから生じます。ストレートに言えば、電子定款を作成できれば4万円の費用が「浮く」のです。4万円の差は大きいですので、可能であれば電子定款を作成したいと考えるのも当然です。

3 電子定款作成および登記オンライン申請のハードルは高いか？

　電子定款作成および登記オンライン申請のハードルが高いか低いかは、判断し難いものがあります。確かに、PC のハードウェアおよびソフトウェアの一定の環境を整えなければなりません。この点に関する感じ方は、人によって大きく異なるでしょう。

　仕事の上ですでに PC およびインターネット環境を整え、マイナンバーカードを持っている人にとっては、せいぜい2,000〜3,000円程度のカードリーダーを買い足せばいいくらいのもので、何ということはないハードルだと思います。しかし、マイナンバーカードを持っていない、PC も持っておらずネットはスマホで見るだけ、ワードや PDF を使ったことがないという人にとっては、非常に「高い壁」にも見えるかもしれません。

　そこで本章では、ひとまず電子定款作成および登記オンライン申請の基礎的な事項を解説いたします。それを読んでから、電子定款作成および登記オンライン申請にチャレンジするかどうかを判断してください。本章を読むだけで「難しい」と感じてしまう場合には、残念ながら電子定款作成および登記オンライン申請は無理ではないかと思います。

3 詳しい解説は Web 解説で！

　上記のとおり本章では、電子定款作成および登記オンライン申請について基礎的な事項を解説しますが、より具体的な内容については以下のURL の Web ページにて行います。書籍ではなく Web ページで解説する理由は、以下のとおりです。

①解説に多くの画像等を必要とするため、判型の小さな本書では限界があること

②他の Web ページを参照する箇所が多く、ハイパーリンクを設けたいこと

③システムの仕様変更等で手続きが変更となる可能性があり、その場合に書籍では対応が難しいこと

ということで、詳しい解説は Web ページでお読みください。本書のモットーである「とにかく合同会社を設立すること」を第一の目的として解説しています。

> ☞ 電子定款とオンライン申請の Web 解説について

　電子定款とオンライン申請の作成方法の詳細については、上記の理由により、Web 上でお読みいただくことができる解説でまとめています。下記の URL または QR コードからアクセスしてください。

・URL　https://www.shuwasystem.co.jp/support/
　　　　7980html/7303.html

電子定款作成および 登記オンライン申請の準備

電子定款作成および登記オンライン申請には、ハードウェアおよびソフトウェアの準備が必要です。

1 ハードウェアの準備

ハードウェアとしては次の準備が必要です。

①パーソナルコンピューター（PC）

Windows10または11の PC が必須です。マック PC やChromebook は使用できません。

②マイナンバーカード

電子署名は法務局が指定する方法によって行わなければなりません。通常はマイナンバーカード（の電子証明書）を用いて行う方法が一番利用しやすいでしょう。利用にはマイナンバーカードの交付を受けた際に設定した「署名用パスワード」が必要となります。

③カードリーダー

マイナンバーカードを読み取るためのカードリーダーが必要です。必ず「マナンバーカード対応」とされているものをご準備ください。

④インターネット環境

PC はインターネットに接続されていることが必要です。

FIGURE 52 ハードウェアの準備

●PC

Windows 11

●マイナンバーカード

署名用パスワード
が必要

●カードリーダー

マイナンバーカード
対応のもの

●インターネット環境

② ソフトウェアの準備

　ソフトウェアとしては次のものをダウンロードし、PC にインストールしておくことが必要です。

①申請用総合ソフト

　下記 URL の登記・供託オンライン申請システム（法務省）にて無償で提供されている「申請用総合ソフト」というソフトウェアをダウンロードし、インストールします。

▼このページからダウンロード

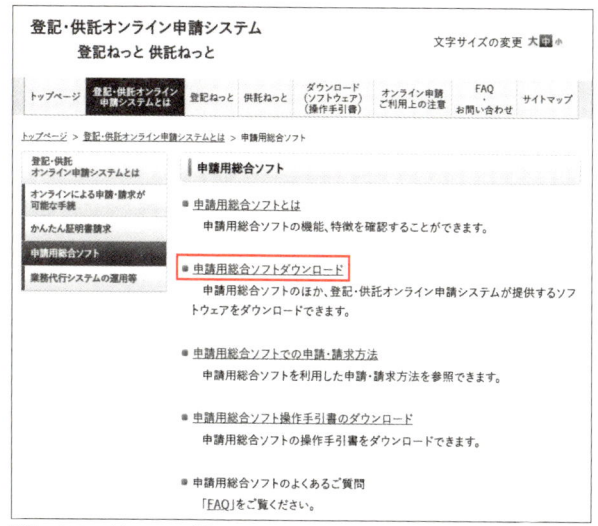

URL：https://www.touki-kyoutaku-online.moj.go.jp/download_soft.html

　インストール後には、申請用総合ソフトの開始画面から申請者情報を登録し、申請者 ID・パスワードを設定しておきます。

▼ここから申請者情報（IDおよびパスワード）を登録

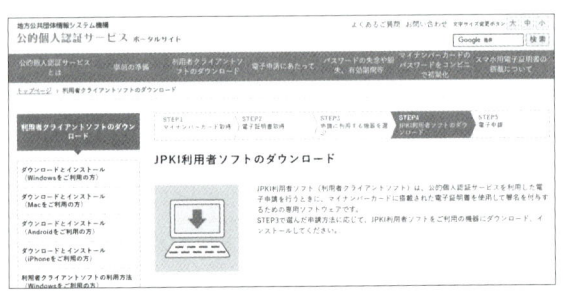

② JPKI利用者ソフト

　続いて、下記URLの公的個人認証サービスポータルサイト（地方公共団体情報システム機構）にて無償で提供されている「JPKI利用者ソフト（利用者クライアントソフト）」というソフトウェアをダウンロードし、インストールする必要があります。

▼このページからダウンロード

URL：https://www.jpki.go.jp/download/

上記のインストール後には、再び申請用総合ソフトを起動し、申請用総合ソフトに IC カードライブラリ登録をする必要があります。この点は少し細かい作業なので、どのような作業が必要なのか詳しく見たい方は、Web 解説を先取りしてのぞいてみてください。

▼このページから登録

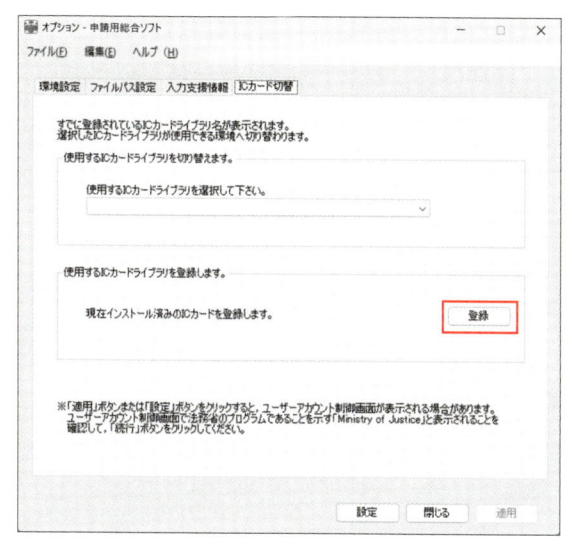

電子定款作成

ハードウェアおよびソフトウェアの準備が整ったら、いよいよ電子定款の作成です。

1 定款を PDF ファイルにする

電子定款の内容は、書面（紙）で作成する定款と基本的に変わるところはありません。しかし、書面に印刷するのではなく、PDF ファイルに変換して使用します。

定款を PDF ファイルにするには、いったん紙に印刷した定款をスキャナー等で読み込んで作成するか、ワード等のワープロソフトの機能を使用して PDF ファイルに変換します。

▼ PDF ファイルに変換する

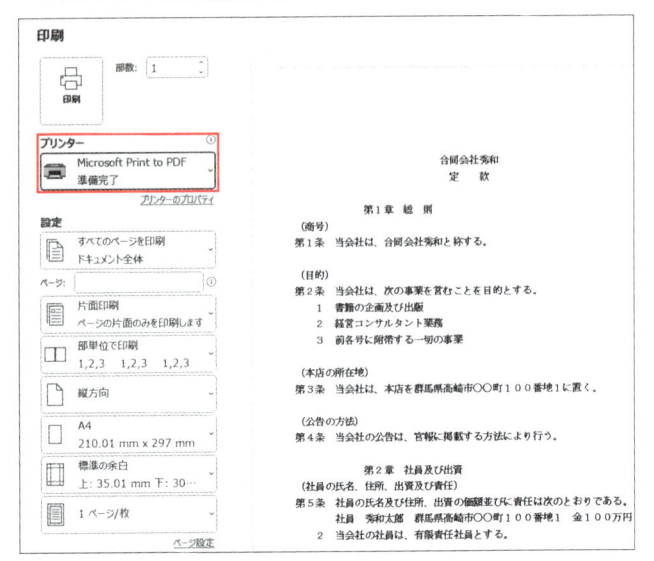

続いて定款 PDF ファイルに電子署名します。電子署名は申請用総合ソフトの署名機能とマイナンバーカードを使って行います。

　申請用総合ソフトを起動し、「ツール」タブから「PDF ファイルの署名（P）」を選択します。

▼ PDF ファイルに電子署名する

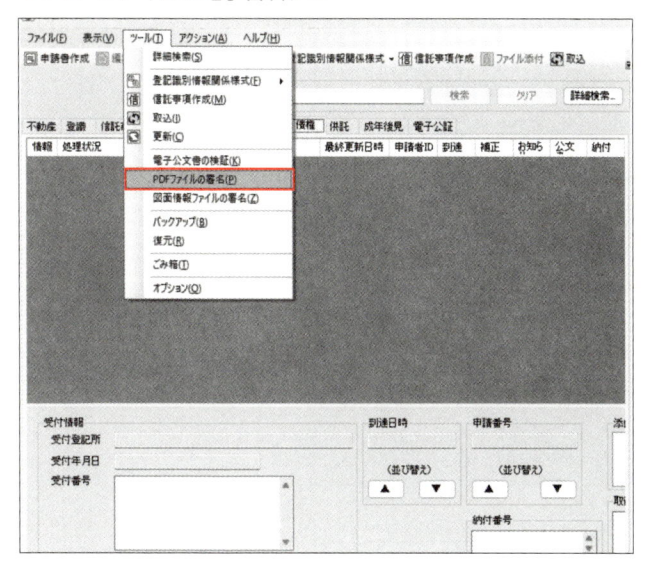

「PDF ファイルの署名(P)」で下記のウインドウを開いたら、「PDF
ファイル」の「参照」ボタンから電子署名する定款の PDF ファイ
ルを選択し、さらに「出力先」を「参照」ボタンから指定して、「IC
カードで署名」ボタンをクリックします。

　マイナンバーカードは PC にカードリーダーを接続し、そこにセッ
トして使用します。電子署名には、マイナンバーカードの「署名用
パスワード」の入力が必要です。

▼電子署名する PDF ファイルを選択する

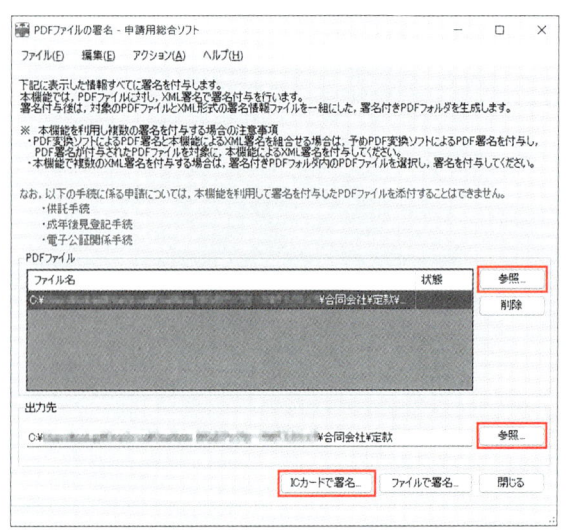

③ 署名付き PDF フォルダ

　以上の作業を終えると、指定した出力先に定款 PDF ファイルの名前と同じ名前のフォルダが自動的に作成され、中に定款 PDF ファイルと、同名の XML ドキュメントの2つが入っています。これを「署名付き PDF フォルダ」といい、このフォルダ（中の2つのファイル）が電子定款ということになります。以後の手続きではこのフォルダごと使用します。フォルダ内のファイルを別々に移動したり、削除したりしないでください（フォルダごと移動するのは可）。

　電子定款の作成は以上で完了です。129～133ページの「電子定款作成および登記オンライン申請の準備」さえクリアできていれば、思ったより簡単な作業だと思います。

▼2つのファイルが入った署名付き PDF フォルダ

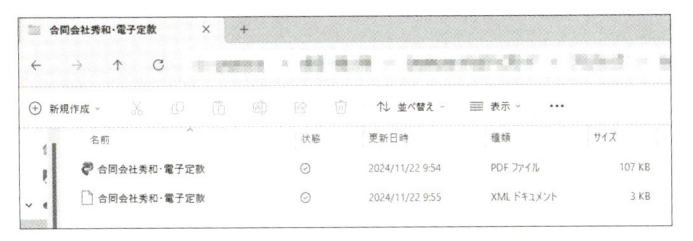

登記オンライン申請

続いて登記オンライン申請の解説です。

1 電子定款作成と登記オンライン申請は別々の手続き

電子定款を作成することと登記オンライン申請は別々の手続きであり、必ず両方を合わせて行わなければならないものではありません。

つまり、

①電子定款を作成するが設立の登記の申請は書面で行う

②定款は書面で作成するが設立の登記は登記オンライン申請で行う

　どちらも可です。

しかし、電子定款作成と登記オンライン申請は、必要とするハードウェアおよびソフトウェアが同一であり、両方とも申請用総合ソフトを用いて行うものです。したがって電子定款を作成したなら、引き続き登記オンライン申請まで行うほうが便利です。

2 申請データの作成

登記オンライン申請は、第4章で解説した合同会社設立登記申請書を申請用総合ソフトで申請データとして作成し、オンラインで送信して行うものです。

申請用総合ソフトを起動し、「申請書作成」タブから「商業登記申請書」→「登記申請書【署名要】」→「登記申請書（会社用）」を選択して作成します。

▼登記申請書（会社用）を選択

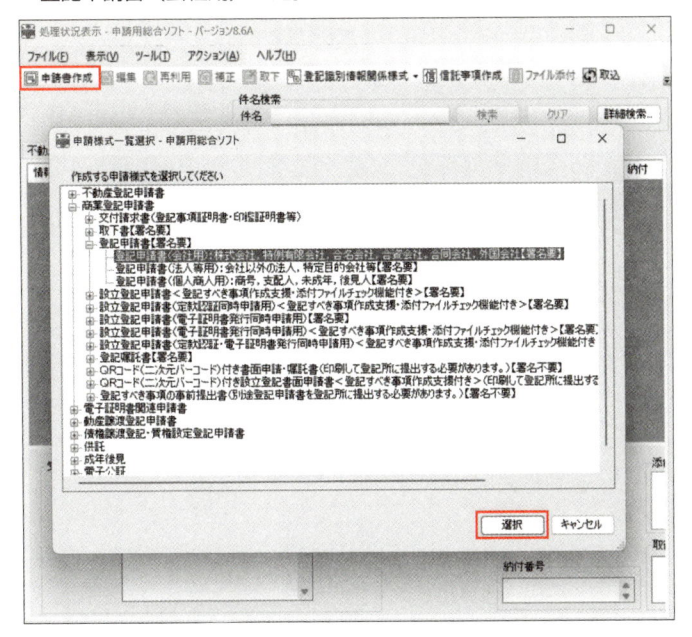

申請用総合ソフト上で入力する内容は、基本的に書面で作成する合同会社設立登記申請書と変わるところはありません。

▼必要事項を入力

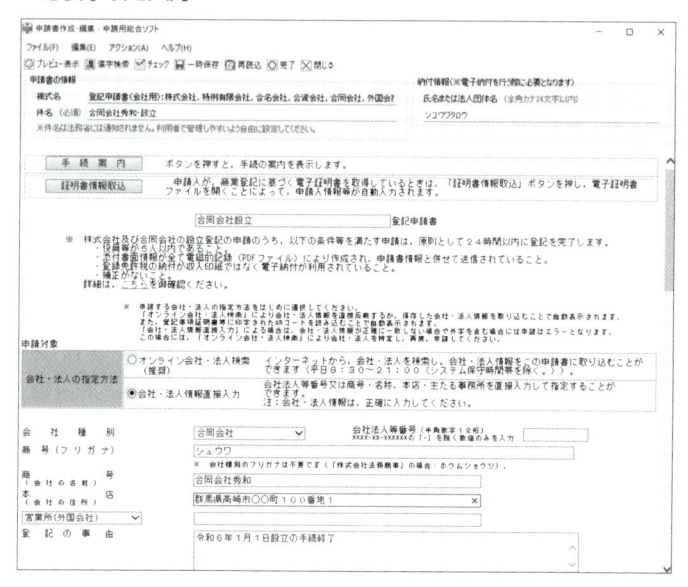

別紙（登記すべき事項）は、前ページのウインドウからさらに別ウインドウを開いて入力します。

　登記すべき事項は間違いのないよう、ワードなどのワープロソフトで作成したテキストをコピー＆ペーストする方法で入力します。

▼別紙（登記すべき事項）を入力

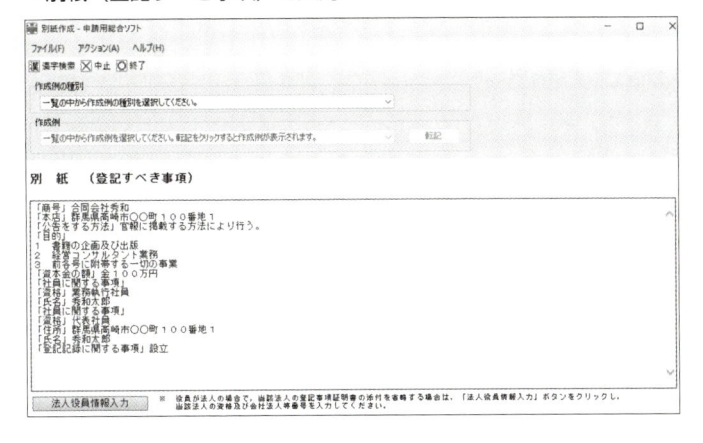

3 電子定款（署名付き PDF フォルダ）の添付と 申請データの送信

　申請データの入力が完成したら、先に作成した電子定款（署名付き PDF フォルダ）を添付します。

　添付は、申請用総合ソフトの「ファイル添付」タブから「署名付き PDF フォルダ追加」で行います。

　添付するファイルの選択画面では「署名付き PDF フォルダ」ごと選択します。フォルダを選択することで、フォルダ内にある電子定款の PDF ファイルと XML ドキュメントの両方が添付されます。

▼電子定款（署名付き PDF フォルダ）を添付

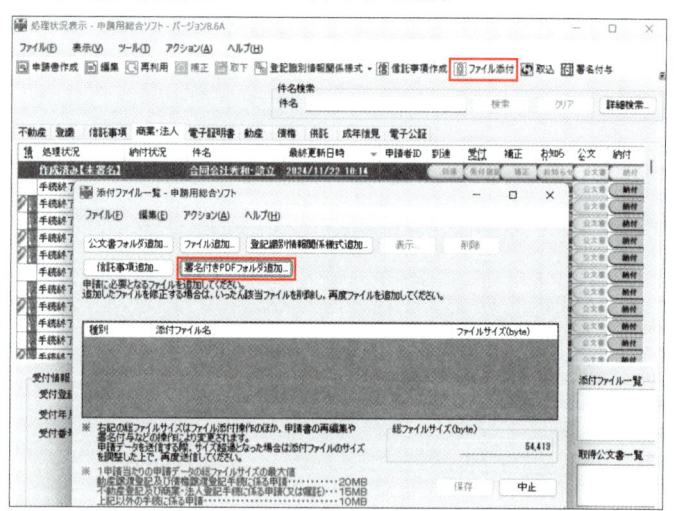

電子定款（署名付き PDF フォルダ）を添付したら、申請データに電子署名をして送信します。申請データへの電子署名と、先に行った電子定款への電子署名は別の手続きですので、混乱のないようご注意ください。単純化して言えば、電子定款の作成で1回、登記オンライン申請で1回、合計2回の電子署名をすることになります。

　申請データの電子署名も、マイナンバーカードを PC に接続したカードリーダーにセットして使用します。電子署名には、マイナンバーカードの「署名用パスワード」の入力が必要です。

▼申請データに電子署名

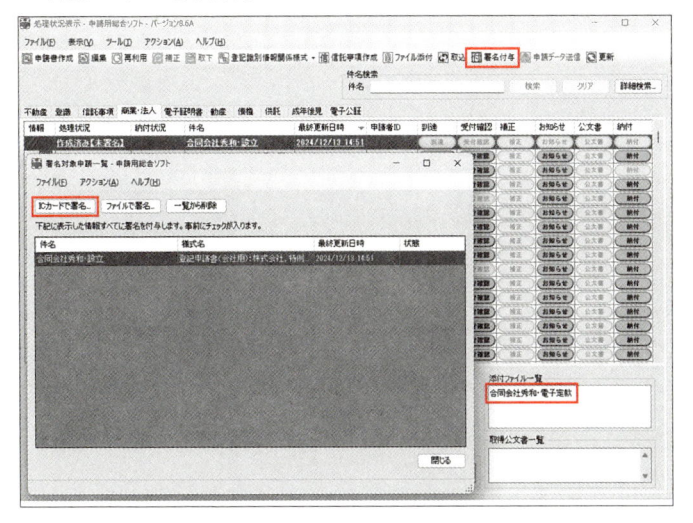

以上の作業を完了したら、申請データの送信を行います。申請データの到達は申請用総合ソフト上で表示されます。

　申請データの到達後、他に書面で提出する添付書類（払込証明書など）があれば管轄法務局に持参または送付します。

　登録免許税は書面での申請と同じように、納付用紙を提出（または郵送）して収入印紙で納付することも可能ですし、ペイジーを利用してインターネットバンキングまたは ATM で納付することも可能です。

▼申請データを送信

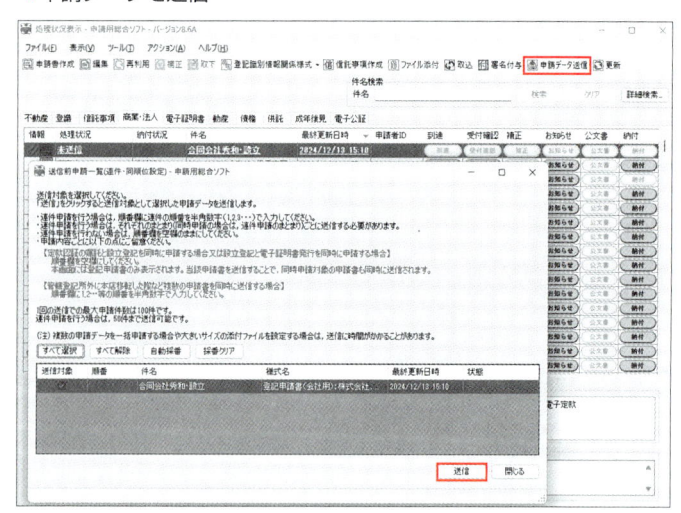

オンラインによる印鑑届書の提出

登記オンライン申請をする場合、印鑑届書もオンラインで提出することができます。

1 登記オンライン申請をする場合の印鑑届書

登記オンライン申請で合同会社の設立の登記申請をする場合、実は印鑑届書の提出は任意です。しかし、印鑑届書の提出をしないと、合同会社の印鑑証明書の発行ができず、現実的には困ってしまいます。

そこで、登記オンライン申請をした場合でも、印鑑届書は提出するのが普通です。書面による合同会社の設立の登記申請をした場合と同様に印鑑届書を書面で提出することも可能ですし、オンラインで提出することもできます。

2 オンラインによる印鑑届書の提出

オンラインによる印鑑届書の提出は、電子定款と同様に、PDFで作成（スキャナーで読み取り）した印鑑届書に電子署名をして、合同会社の設立の登記の登記申請データに添付して送信します。

オンラインによる印鑑届書の提出では、印鑑届書の書式（目盛付きの指定用紙を用いる）や印刷品質、スキャン品質などに細かい指定があるので、下記 URL の Web ページ（法務省）の指示に従ってください。

▼法務省の案内ページ

https：//www.moj.go.jp/MINJI/minji06_00072.html

この章の終わりに

本章を読んで「自分でもできそう」と思ったらWebページをお読みください。

1 Web 解説も参考に

いかがでしょうか？

本章を読んで、電子定款作成および登記オンライン申請は「自分でもできそう」だと感じましたか？　そうであるなら、ぜひ Web 解説をお読みください。

また、本章では各手続きを大幅に端折って、ごく単純に解説しています。ですので、むしろわかりにくくなっている部分もあるかもしれません。そのように思われた方も、どうぞ Web 解説をのぞいてみてください。

APPENDIX

A

巻末付録・モデル定款

　巻末付録として、①合同会社秀和・定款（社員1名）、②合同会社シュウワ・定款（社員3名）のモデル定款を掲載します。

①合同会社秀和・定款
（社員1名）

定款の太字で記載した部分は各合同会社で変更して記載すべきところです。太字以外の部分を変更するためには会社法の知識が必要となりますので、いじらない（削除も変更もしない）ほうが無難です。

合同会社秀和　定款

第1章　総　則

（商号）

第1条　当会社は、**合同会社秀和**と称する。

（目的）

第2条　当会社は、次の事業を営むことを目的とする。

　　1　書籍の企画及び出版

　　2　経営コンサルタント業務

　　3　前各号に附帯する一切の事業

（本店の所在地）

第3条　当会社は、本店を**群馬県高崎市○○町100番地1**に置く。

（公告の方法）

第4条　当会社の公告は、官報に掲載する方法により行う。

第2章　社員及び出資

（社員及び出資）

第5条　社員の氏名及び住所並びに出資の目的及びその価額は、
　　　次のとおりである。

　　　（氏名）**秀和太郎**

　　　（住所）**群馬県高崎市○○町100番地1**

　　　（出資の目的及び価額）金銭　**金100万円**

　　2　当会社の社員は、すべて有限責任社員とする。

第3章　業務の執行及び会社の代表

（業務の執行及び会社の代表）

第6条　社員**秀和太郎**は、当会社の業務を執行し、当会社を代
　　　表する。

（競業禁止の規定の適用除外）

第7条　当会社の業務を執行する社員には、会社法第594条第
　　　1項本文の規定の適用はないものとする。

（利益相反取引の制限の適用除外）

第8条　当会社の業務を執行する社員には、会社法第595条第
　　　1項本文の規定の適用はないものとする。

第4章　定款の変更並びに入社及び退社

（定款の変更）

第9条　定款の変更は、社員の決定をもって行う。

（入社）

第10条　新たに社員を加入させるには、社員の決定によって定
　　　　款を変更しなければならない。

（法定退社事由の除外）

第11条　社員は、後見開始の審判を受けたことによっては退社
　　　　しない。

（相続による持分の承継）

第12条　当会社の社員が死亡した場合には、当該社員の相続人
　　　　は、その持分を承継して社員となることができる。

第5章　計　算

（事業年度）

第13条　当会社の事業年度は、**毎年4月1日から翌年3月末日
　　　　まで**とする。

（計算書類）

第14条　社員は、各事業年度の末日の翌日から起算して3か月
　　　　以内に、当該事業年度に係る計算書類を作成しなければな
　　　　らない。

　　　2　当会社は、計算書類を作成したときから10年間、これ
　　　　を保存しなければならない。

（利益の配当）

第15条　利益の配当をするときは、その都度、社員が次に掲げ
　　　　る事項を決定しなければならない。

一　配当財産の種類及び帳簿価額の総額

二　社員に対する配当財産の割当てに関する事項

三　利益配当が効力を生じる日

第6章　解散の事由

（解散の事由）

第16条　当会社は、次に掲げる事由によって解散する。

一　社員の決定

二　社員が欠けたこと。

三　合併（合併により当会社が消滅する場合に限る。）

四　破産手続開始の決定

五　会社法第824条第1項又は第833条第2項の規定による解散を命ずる裁判

附　　則

（最初の事業年度）

第17条　当会社の最初の事業年度は、当会社の設立の日から**令和〇年3月31日まで**とする。

（設立時の資本金の額）

第18条　当会社の設立に際しては、出資される財産の全額を資本金とし、その額は**金100万円**とする。

（定款に定めがない事項）

第19条　この定款に定めがない事項については、会社法その他の法令の定めるところによる。

以上、**合同会社秀和**の設立のため、この定款を作成し、社員が次に記名押印する。

令和〇年〇月〇日

　　　有限責任社員　**秀和　太郎**

②合同会社シュウワ・定款 (社員3名)

定款の太字で記載した部分は各合同会社で変更して記載すべきところです。太字以外の部分を変更するためには会社法の知識が必要となりますので、いじらない（削除も変更もしない）ほうが無難です。

合同会社シュウワ　定款

第1章　総　則

（商号）

第1条　当会社は、**合同会社シュウワ**と称する。

（目的）

第2条　当会社は、次の事業を営むことを目的とする。

　　1　**書籍の企画及び出版**

　　2　**経営コンサルタント業務**

　　3　前各号に附帯する一切の事業

（本店の所在地）

第3条　当会社は、本店を**東京都中央区○○一丁目1番1号**に置く。

（公告の方法）

第4条　当会社の公告は、官報に掲載する方法により行う。

第2章　社員及び出資

（社員及び出資）

第5条　社員の氏名及び住所並びに出資の目的及びその価額は、次のとおりである。

　　　（氏名）**田中秀美**

　　　（住所）**東京都新宿区○○二丁目2番2号**

　　　（出資の目的及び価額）金銭 **金80万円**

　　　（氏名）**鈴木和子**

　　　（住所）**東京都江東区○○三丁目3番3号**

　　　（出資の目的及び価額）金銭 **金70万円**

　　　（氏名）**佐藤静夫**

　　　（住所）**東京都台東区○○四丁目4番4号**

　　　（出資の目的及び価額）金銭 **金50万円**

　　2　当会社の社員は、すべて有限責任社員とする。

（持分の譲渡等）

第6条　社員は、他の社員の全員の承諾がなければ、その持分の全部又は一部を他人に譲渡することができない。

　　2　前項の規定にかかわらず、業務を執行しない社員は、業務を執行する社員（以下「業務執行社員」という。）の全員の承諾があるときは、その持分の全部又は一部を他人に譲渡することができる。

第3章　業務の執行及び会社の代表

（業務執行社員）

第7条　社員**田中秀美及び佐藤静夫**は、業務執行社員とし、当
　　会社の業務を執行する。

　　2　当会社は、業務執行社員に対し、職務執行の対価とし
　　て報酬を支払うものとし、その金額は、当該支払いを受
　　ける業務執行社員以外の社員の過半数をもって決定する。

（業務執行の決定）

第8条　当会社の業務は、業務執行社員の過半数をもって決す
　　る。

　　2　前項の規定にかかわらず、当会社の常務は、各業務執行
　　社員が単独で行うことができる。

（業務執行社員の辞任）

第9条　業務執行社員は、正当な事由がなければ辞任すること
　　ができない。

（業務執行社員の解任）

第10条　業務執行社員は、正当な事由がある場合に限り、他の
　　社員の一致によって解任することができる。

（競業の制限）

第11条　業務執行社員は、当該業務執行社員以外の社員の全員
　　の承認を受けなければ、次に掲げる競業行為をしてはなら
　　ない。

一　自己又は第三者のために当会社の事業の部類に属する
　　　取引をすること。
　　二　当会社の事業と同種類の事業を目的とする会社の取締
　　　役、執行役又は業務を執行する社員となること。

（利益相反取引）
第12条　業務執行社員は、次に掲げる場合には、当該取引につ
　　　いて、当該業務執行社員以外の社員の過半数の承認を受け
　　　なければならない。
　　一　業務執行社員が自己又は第三者のために当会社と取引
　　　をしようとするとき。
　　二　当会社が業務執行社員の債務を保証することその他
　　　社員でない者との間において当会社と当該業務執行社員
　　　との利益が相反する取引をしようとするとき。

（代表社員）
第13条　当会社を代表する社員は、**田中秀美**とする。
　　2　**田中秀美**に事故あるときは、他の社員の過半数をもって、
　　　他の業務執行社員の中から代表社員を選定することができ
　　　る。

　　　　　第4章　定款の変更並びに入社及び退社
（定款の変更）
第14条　定款の変更は、総社員の同意をもって行う。
　　2　前項の規定にかかわらず、次に掲げる場合には、該当す
　　　る事項に関する定款の規定は変更されたものとする。

一　第10条の規定により業務執行社員が解任されたとき

　二　第13条第2項の規定により代表社員の選定があった
　　とき

　三　第16条又は第17条の規定により社員が退社したとき

　四　第18条の規定により社員の持分の承継があったとき

　五　その他法令又は定款の規定により、定款の記載事項に
　　つき総社員の同意によらずに変更があったとき

（入社）

第15条　新たに社員を加入させるには、総社員の同意によって
　　定款を変更しなければならない。

（社員の任意退社）

第16条　社員は、事業年度終了の時において退社をすることが
　　できる。この場合においては、当該社員は、6か月前まで
　　に当会社に退社の予告をしなければならない。

　2　前項の規定にかかわらず、業務執行社員は、当会社が存
　　続する間は、退社をすることができない。

　3　前2項の規定にかかわらず、各社員は、やむを得ない事
　　由があるときは、いつでも退社することができる。

（社員の法定退社）

第17条　社員は、前条に定める場合のほか、次に掲げる事由に
　　よって退社する。

　一　会社法第609条第1項の規定による退社

　二　総社員の同意

　三　死亡

四　合併による消滅

　　五　破産手続開始の決定

　　六　解散（前2号に掲げる事由によるものを除く。）

　　七　除名

　2　社員は、後見開始の審判を受けたことによっては退社しない。

（相続又は合併による持分の承継）

第18条　当会社の社員が死亡した場合又は合併により消滅した場合には、当該社員の相続人その他の一般承継人は、他の社員全員の承諾を得て、その持分を承継して社員となることができる。

第5章　計　算

（事業年度）

第19条　当会社の事業年度は、**毎年4月1日から翌年3月末日まで**とする。

（計算書類の承認）

第20条　代表社員は、各事業年度の末日の翌日から起算して3か月以内に、当該事業年度に係る計算書類を作成し、各社員に提出して、社員の過半数による承認を求めなければならない。

　2　当会社は、計算書類を作成したときから10年間、これを保存しなければならない。

（損益の分配）

第21条　各事業年度の利益又は損失は、当該事業年度の末日における各社員の出資の価額に応じて分配する。

（利益の配当）

第22条　利益の配当をするときは、その都度、社員の過半数によって、次に掲げる事項を決定しなければならない。

　　一　配当財産の種類及び帳簿価額の総額

　　二　社員に対する配当財産の割当てに関する事項

　　三　利益配当が効力を生じる日

　　2　社員は、前項に定める場合を除き、当会社に対し、利益の配当を請求することができない。

第6章　解散の事由

（解散の事由）

第23条　当会社は、次に掲げる事由によって解散する。

　　一　総社員の同意

　　二　社員が欠けたこと。

　　三　合併（合併により当会社が消滅する場合に限る。）

　　四　破産手続開始の決定

　　五　会社法第824条第1項又は第833条第2項の規定による解散を命ずる裁判

附　　則

（最初の事業年度）

第24条　当会社の最初の事業年度は、当会社の設立の日から**令和〇年3月31日まで**とする。

（設立時の資本金の額）

第25条　当会社の設立に際しては、出資される財産の全額を資本金とし、その額は**金200万円**とする。

（定款に定めがない事項）

第26条　この定款に定めがない事項については、会社法その他の法令の定めるところによる。

　以上、**合同会社シュウワ**の設立のため、この定款を作成し、社員が次に記名押印する。

令和〇年〇月〇日

　　　　　有限責任社員　**田中　秀美**　（印）

　　　　　有限責任社員　**鈴木　和子**　（印）

　　　　　有限責任社員　**佐藤　静夫**　（印）

索引

索引

●著者紹介

岡住 貞宏（おかずみ さだひろ）

1967（昭和42）年、群馬県富岡市生まれ。1990（平成2）年、慶應義塾大学法学部法律学科卒。司法書士・行政書士。群馬司法書士会所属・群馬県行政書士会所属。元・群馬司法書士会会長、元・日本司法書士会連合会理事。著書に『図解ポケット 不動産登記手続きがよくわかる本』『図解ポケット 相続登記手続きがよくわかる本』『図解ポケット 株式会社の設立手続きがよくわかる本』（秀和システム）、『いちばんやさしい株式会社の議事録作成全集』（自由国民社）。

●本文イラスト
まえだ たつひこ

図解ポケット

合同会社の設立手続きがよくわかる本

発行日	2025年 2月20日	第1版第1刷

著　者	岡住　貞宏

発行者	斉藤　和邦
発行所	株式会社　秀和システム

〒135-0016
東京都江東区東陽2-4-2　新宮ビル2F
Tel 03-6264-3105（販売）Fax 03-6264-3094

印刷所	三松堂印刷株式会社	Printed in Japan

ISBN978-4-7980-7303-3 C2032